LES DIABLES DU MONT-SAINT-MICHEL

Dans la collection « Crimes et Monuments »

Daniel Vasseur, *La Mort sur un cheval pâle*
Sophie Marvaud, *Meurtre chez les magdaléniens*
Sophie Marvaud, *Le Choc de Carnac*

Édition : Sabine Sportouch
Corrections : Catherine Garnier
Maquette : Pierre Chambrin
Conception graphique de la couverture : Volume visuel / Cyril Cohen
Couverture : enseigne de pèlerinage figurant saint Michel, XVe siècle ; © RMN-Grand Palais (musée de Cluny – musée national du Moyen Âge) / Gérard Blot

21, square Saint-Charles – 75012 Paris
ISBN : 978-2-36942-259-4

ISBN : 978-2-7577-0427-1
Dépôt légal : juin 2015
Imprimé en Bulgarie par Spektar

Claude Merle

LES DIABLES DU MONT-SAINT-MICHEL

roman

nouveau monde éditions

ÉDITIONS DU PATRIMOINE
CENTRE DES MONUMENTS NATIONAUX

Mes remerciements à François Saint-James,
pour m'avoir ouvert toutes les portes de l'abbaye
et bien des portes de mon imaginaire.

1

Le vent avait tourné. Il soufflait maintenant du sud-ouest, amenant d'épaisses nuées qu'on sentait peser à défaut de les distinguer dans l'obscurité de la nuit de novembre. Par instants, ses bourrasques secouaient les façades de bois et dévalaient comme un torrent les pentes des ruelles torses.

Gilles resserra sur lui les ailes de son manteau noir. Il fut pris d'un rire silencieux en se comparant à un oiseau, et pressa les mains sur sa bouche pour s'empêcher de croasser. Vilain corbeau ! Ivre, il était ivre après un demi-gobelet d'hydromel. Il n'y avait pas matière à rire quand on se trouvait en état de péché. Il se répéta la phrase et pouffa. Le vent était là pour empêcher les autres d'entendre.

Coupable ? Il réfléchit à la question. Chargé d'apporter à l'auberge le viatique de Guillaume Franc, un vieux pèlerin, il s'était attardé près de l'âtre sans raison. Soyons sincère, pour de mauvaises raisons. Cette fille trop belle l'ensorcelait, avec ses fous rires et ses yeux pleins d'étoiles. D'étoile, il n'y avait la moindre étincelle dans le ciel furieux. Le souffle puissant semblait arracher les maisons du sol, les soulever dans un tourbillon de vertige, les secouer. Les volets battaient pour applaudir et les colombages détachaient leurs squelettes de la terre brune des murs.

Il ferma les yeux et s'appuya à un pilier, un long moment, afin d'échapper à la vision d'enfer. Quand il les rouvrit, ce fut pire : tout était immobile, obscur, silencieux, la cité, la mer. Un tombeau. Malgré les ténèbres, il crut voir ses doigts tachés d'encre. Ils luisaient pour lui rappeler sa faute. Cette lettre, il n'aurait jamais dû l'écrire. Une lettre d'amour ! Mais comment refuser quand la beauté poussait à confondre désir et innocence ?

Il songea à Guillaume, le pèlerin, mort dans ses bras une heure auparavant, et à son père, qui portait le même nom et lui ressemblait, l'un usé par sa longue route, l'autre brisé par ses champs hostiles. Ce dernier était si fier de voir son fils entrer chez les Bénédictins de Saint-Wandrille, le paradis des merveilleux vitraux, des cierges blancs et de l'encens.

Après la mort tragique du paysan ébloui, Gilles avait gagné le Mont-Saint-Michel pour fuir les horreurs de la longue guerre. Sur l'île, pendant deux ans, il avait trouvé le repos, il l'avait cru. Il avait échappé aux haines, aux pillages, aux incendies, aux massacres. Pas aux tentations. Il était trop jeune encore pour contraindre son corps à l'obéissance.

Il songea, Dieu sait pourquoi, à sa traduction de Virgile en langue profane, presque achevée. Il était l'un des derniers latinistes de la grande abbaye. Là-haut, dans le scriptorium déserté, il continuerait son labeur jusqu'à l'aube, près du feu éteint, les doigts gourds, les yeux brûlants, par mortification.

Et nunc omnis ager, nunc omnis parturit arbos, nunc, nunc... Le poème qu'il connaissait par cœur se brouillait dans sa tête, sa musique innocente devenait un chant lubrique. En même temps, le vent se réveilla. Il le repoussait comme une main gigantesque décidée à lui interdire l'accès de la sainte abbaye. Un vent étrangement tiède, aux relents de soufre suffocants. Une haleine d'enfer.

Il réfréna la tentation de tomber à genoux, d'implorer. Le dos courbé, il lutta de toutes ses forces. Cette côte, il l'avait gravie bien des fois, même les jours de tempête, les jours de fièvre. Cependant, à cette heure de la nuit, le sortilège qui l'obligeait à reculer n'était pas la faiblesse de ses jambes, mais le poids du ciel. De grands oiseaux noirs tournoyaient sous les nuées. C'étaient bien des oiseaux, ces formes indistinctes. Il percevait leurs cris aigus, le frôlement de leurs longues ailes, et puis les entailles de leurs becs sur sa nuque, de plus en plus acharnés.

Pour se protéger, il agita les bras prolongés par ses longues manches, avec des sanglots honteux : « Par pitié, je ne le ferai plus ! » Il devait ressembler à l'un de ces oiseaux fous. D'où venaient-ils ? De la mer, n'est-ce pas ? La mer, oui, de simples goélands, ivres de vent, égarés par la tempête.

Il se remit en marche, mains tendues, tâtonnant comme un aveugle. Ses mains souillées.

Le vent cessa si brutalement qu'il trébucha. Plus que cinq cents pas. Il ne pleuvait pas, pourtant les pavés glissaient. Au sommet de la côte, la lanterne se balançait au-dessus de la porte de l'infirmerie, longue bâtisse édifiée après l'effondrement des vieux murs de l'est. Elle grinçait, ou bien c'étaient les cris des rapaces résonnant dans sa tête. L'air était de plus en plus chaud, comme à l'approche d'un incendie. La sueur perlait à son front. Sa main gauche desserra son col, la droite pressa l'étui d'or qui avait renfermé l'hostie consacrée.

Une ombre trembla sur le mur de l'abbaye. Elle grandit, devint monstrueuse avant de s'évanouir comme elle était venue, sans avoir jamais existé. Aussitôt, le vent le bouscula sans prévenir et le plaqua sur la porte de l'infirmerie. Le contact du bois lui arracha un soupir de soulagement. Le vantail s'ouvrit sans résistance. Au-delà, c'était le silence, le recueillement, l'odeur de camphre. Il crut voir de grands cierges allumés. Spectacle improbable : durant les heures de sommeil on ne gaspillait pas la cire. Pourtant, la lumière l'éblouissait, rouge, pareille à un soleil couchant ou un voile de sang.

Au fronton de la porte rayonnait la fresque qui le fascinait : dans un cimetière, trois morts, sortis de leurs sépultures, accostaient trois jeunes gens. Ils les réprimandaient. Gilles crut entendre leurs paroles : songez à votre salut, plus de désirs coupables, de lettres d'amour déguisées, d'ivresse, de rires impies… « Nous avons été ce que vous êtes, vous serez ce que nous sommes. »

Soudain, sous le regard halluciné du moine, l'un des morts vivants se détacha du mur et sauta à terre, gigantesque, menaçant. Le visage noyé dans l'ombre de la voûte semblait dissimuler sa laideur abominable. Gilles voulut s'enfuir, mais ses pieds étaient cimentés à la pierre. Les yeux clos, les mains jointes, il se mit à prier pour chasser la vision infernale, il y réussit, la paix revint. Il crut entendre résonner les voix des matines venues de Notre-Dame-sous-Terre lorsque des doigts de glace le saisirent à la gorge et le soulevèrent du sol, étouffant son hurlement d'épouvante.

2

Louis d'Estouteville examina l'immense miroir de la baie, puis la forteresse éclairée par la lumière de l'aube, puissante lame de pierre brandie vers le ciel. Après la tempête de la nuit, le beau temps était revenu, mélange de bleu et de vert sillonné de coulées brunes.

Au soleil, il était huit heures. L'eau glacée lui brûlait le torse et les joues, plus franche cependant que l'humidité sournoise des murs de granit. Le baquet sur lequel il se penchait lui renvoya le reflet d'un visage aux traits durs, lèvres minces, pommettes hautes, cheveux coupés ras. Il effleura par habitude la cicatrice qui lui entaillait le front et se perdait sous sa brosse blonde. Avant d'être promu capitaine du Mont-Saint-Michel, le gentilhomme, fils du chambellan du duc d'Orléans, grand bouteiller de France, avait combattu victorieusement les Anglais sur terre et sur mer. Son corps portait témoignage de sa vaillance.

Il revêtit une chemise de toile, mit ses chausses, laça son pourpoint de cuir, chaussa ses bottes et ceignit son épée. Avant de l'engainer, il éprouva le tranchant de sa lame, songeant qu'il devrait la confier bientôt à Estienne, le forgeron de l'île, quand Yvon surgit.

– Seigneur, venez !

Louis dévisagea le jeune chevalier breton, qu'il avait lui-même adoubé quelques mois auparavant, nota les joues rouges, le souffle court et l'excitation mal maîtrisée de ses yeux bleus. Instinctivement, il se tourna vers la baie d'où pouvait venir le danger. Le rivage était désert, l'ennemi retenu par la marée montante.

– Là-bas, précisa Yvon.

Il désigna les puissants contreforts de l'abbaye ancrés dans le rocher.

– Que se passe-t-il ?

– Un mort, seigneur.

Le capitaine haussa ses larges épaules avec indifférence. Des morts, on en voyait souvent, à cause de la guerre, des pestilences et de l'épuisement. Ce dernier fléau frappait les pèlerins venus de très loin prier saint Michel, malgré les vexations des Godons qui assiégeaient l'île.

Il suivit le soldat dans l'escalier, traversa la cour du Roy, puis escalada les marches de pierre jusqu'au pied de la tour Sainte-Catherine. Sur la terrasse il y avait foule : hommes d'armes, gens de la cité, moines et pèlerins, les yeux levés vers le ciel. Suivant leurs regards, Louis d'Estouteville aperçut un corps suspendu à la muraille. On aurait dit l'un des mannequins de paille, vêtu d'oripeaux bruns, qu'on brûlait jadis à la Saint-Jean pour célébrer l'avènement de l'été. Cependant, le personnage n'était pas factice, c'était un moine pendu par le col à l'aspérité d'un contrefort.

Dans les yeux des Bénédictins, on lisait l'horreur : un homme de Dieu pendu au mur de soutien de l'abbaye ! Dans ceux du capitaine, la stupeur, car le pendu se balançait à trente pieds du sol, et la corde qui le retenait était fixée sur un pilier impossible à escalader. De toute évidence, le moine n'avait pas pu se donner la mort. On l'avait pendu là tout exprès. Mais pourquoi choisir un lieu aussi insolite, et comment hisser un poids pareil à une telle hauteur ?

Reportant son attention sur les spectateurs, Louis aperçut Richard de Mantoue avec lequel il était lié d'amitié. Avant de porter l'habit noir, le moine était né gentilhomme, et il remplaçait vaillamment l'abbé Robert Jolivet, passé aux Anglais, quelques années auparavant.

Le capitaine se rapprocha de lui.

– C'est Gilles, murmura Richard.

– Gilles ?

– Gilles Beaulieu, notre frère.

Sa voix se brisa.

– Qui a pu vouloir sa mort ?

Le moine secoua la tête.

– Un sacrilège.

– Une cérémonie macabre destinée à nous impressionner.

Louis disait « nous », mais n'éprouvait aucune alarme, tout juste de la colère. Sa haine des Anglais l'incitait à suspecter l'œuvre d'un espion ennemi pour démoraliser les assiégés. Jolivet, l'ancien abbé, en envoyait quelquefois, dissimulés parmi les pèlerins. Leur mission consistait à acheter des complicités et à déceler les faiblesses de la nouvelle enceinte. Démasqués, les espions étaient expulsés ou emprisonnés lorsqu'ils étaient sans armes. Sinon, on les jetait du haut des remparts. On en avait vu d'audacieux et de dangereux, parmi les Anglais infiltrés, mais cette pendaison au cœur de la cité…

– La corde, c'est celle de la cloche de Saint-Michel, murmura Richard avec consternation.

Louis d'Estouteville n'eut pas le temps de lui demander comment il la reconnaissait à cette distance, car l'autre ajouta :

– Aux matines, elle avait disparu.

– Et vous n'avez rien entendu ?

Les moines, se sentant accusés, tournèrent vers le capitaine des visages coupables. Tous n'étaient pas des lâches, loin s'en fallait, certains maniaient même l'épée, mais le pendu les paralysait. Pour réprimer son envie de les rudoyer, Louis ordonna à ses hommes :

– Qu'attendez-vous ? Une échelle, qu'on le dépende !

Les oiseaux de mer s'étaient déjà rassemblés sous les vestiges du clocher. Quelques corbeaux se mêlaient à eux. Les archers lâchaient des traits sur le mur pour éloigner du corps les plus avides. Dix minutes plus tard, les soldats amenèrent une longue échelle et la calèrent dans l'angle du contrefort. Deux écuyers, anciens marins, accoutumés à se hisser sur les vergues en pleine mer, grimpèrent. Malgré leur agilité, il leur fallut du temps pour couper la corde, descendre le corps de Gilles et le remettre aux mains de ses frères.

Comme les moines hésitaient à emporter dans l'abbaye un défunt dont la mort semblait empreint de scandale, le capitaine les écarta brutalement et s'agenouilla près de la victime. Gilles Beaulieu, oui, à présent il le reconnaissait en dépit de son visage violacé. Un brave garçon, jeune, très doux, et savant comme jadis les disciples de l'abbé de Thorigny qui avaient fait la réputation de l'abbaye. Le cou avait été broyé par la corde, les vertèbres disloquées, la peau arrachée jusqu'au sang. On avait dû le jeter dans le vide. Mais comment le hisser d'abord si haut quand le mur était aveugle et dépourvu de la moindre corniche au-dessus de l'à-pic ?

– Ces taches… murmura le capitaine en suivant du doigt des traces rouges sur le visage et l'habit de la victime… Ici, on dirait une croix… Du sang ?

– De l'encre, peut-être, avança l'abbé, perplexe.

– Qui aurait voulu du mal à ce saint homme ? s'indigna un bourgeois.

Louis d'Estouteville le foudroya du regard.

– Ce n'est pas lui qui était visé, mais notre communauté tout entière. Les Anglais nous adressent un message : « nous sommes parmi vous, malgré vos murs et vos tours. Vous ne nous échapperez pas ! ».

L'homme porta les mains à son cou en frissonnant.

– Mais Saint-Michel en a vu d'autres, enchaîna Louis. S'ils croient nous intimider, ils se trompent. Nous trouverons le coupable. Il subira le sort qu'il mérite.

De timides commentaires approbateurs parcoururent l'assemblée. Cependant, les têtes levées observaient toujours avec appréhension l'immense gibet de pierre.

– Le diable… chuchota un pèlerin.

– Le diable adopte plusieurs apparences, le reprit Louis avec sévérité. Il porte parfois le casque noir et la tunique aux léopards d'Angleterre.

Il s'adressa aux moines immobiles.

– Enterrez votre frère. Son martyre ne restera pas impuni.

Martyre ! Le mot invitait les indécis à ensevelir la victime en terre consacrée. Sans attendre la réaction de Richard de Mantoue, il prit à part ses deux lieutenants : Jean Setier et Michel Carrouges et ordonna :

– Questionnez tout le monde : moines, valets, bourgeois, pèlerins, sergents. N'épargnez personne. Le coupable se trouve forcément dans la cité puisque la porte du Roy est restée fermée depuis avant-hier. Arrêtez le moindre suspect, enchaînez-le. Enquêtez sur Gilles. Peut-être a-t-il commis un crime.

Jean Setier, qui n'écoutait que d'une oreille, continuait à examiner le contrefort, avec une insistance qui agaçait le capitaine.

– Casque ou pas, il faut un sacré gaillard pour monter jusque là-haut, grommela-t-il.

– Et détacher la corde de la grande cloche sans faire tinter le bronze, renchérit Carrouges.

– Une force… surhumaine.

– Louis fixa avec ironie le visage farouche de l'officier.

– Tu crois au diable, toi, Jean, c'est nouveau !

– Sous le sanctuaire de l'archange…

– Un défi, dit l'autre.

– Un cartel.

– En attendant, gronda Louis, doublez les postes de garde autour de l'île, on ne sait jamais.

Les curieux se dispersaient avec lenteur. Quatre moines portaient le corps de Gilles. Les autres suivaient en timide procession. Louis serrait les poings. Il avait tenu un discours sévère, c'était son rôle. Paraître assuré pour rassurer. Cependant, ce meurtre spectaculaire perpétré sous ses yeux le déconcertait. Pire, il l'humiliait en insultant sa dignité et en bravant son autorité. En six ans, il n'avait connu que des victoires. Ce crime risquait d'être sa première défaite. S'il y avait un mystère, il devait le découvrir sans délai sous peine de voir contestée la discipline qu'il imposait à tous.

Tirant son épée, il planta la lame en terre et s'agenouilla devant la croix. On s'écarta pour le laisser prier. En réalité, il prêtait serment comme avant chaque combat : « Faites que l'ennemi vienne à moi, fût-ce le diable. Sur ma vie, je ne faiblirai pas ! »

3

Les premiers mois, Louis d'Estouteville s'était senti à l'étroit dans ces cercles de pierre, malgré l'immensité marine qui l'environnait. Accoutumé aux plaines, aux longues chevauchées et aux expéditions en haute mer, il sentait peser sur son corps l'acier des armures que la liberté rendait plus léger. Cependant, la responsabilité de défendre la dernière forteresse encore fidèle au roi au nord de la Loire et l'honneur de succéder à des guerriers légendaires tels que Bertrand du Guesclin et Jean d'Harcourt lui avaient enseigné la patience. Au bout d'un an, il avait pris conscience de sa mission au point de s'identifier à saint Michel, vainqueur du démon.

Il leva les yeux de sa lettre destinée à Yolande d'Aragon, la belle-mère du roi de France. Depuis un moment, Jean Setier dansait devant lui d'un pied sur l'autre.

– C'est quelqu'un qui pourrait l'avoir fait.

L'accent chuintant de l'officier trahissait son ascendance germanique. Le nom de Setier qui fleurait la terre normande ne lui convenait pas. Ses hommes l'appelaient le Saxon.

– Tu as trouvé ton diable ?

Le Saxon hocha la tête. C'était un homme rude qui ne s'avançait pas sans précautions, mais ne reculait jamais.

– Sans doute.

– Un étranger ?

– Un moine… Aubain, s'empressa-t-il d'ajouter devant les sourcils froncés du capitaine.

Aubain… Louis d'Estouteville signa sa lettre d'une plume grinçante, poudra l'encre, souffla, roula son parchemin et le lia d'une cordelette pour se donner le temps de réfléchir. Il y apposerait son sceau avant de le confier à l'un des pêcheurs bretons qui assuraient le ravitaillement de l'île et acheminaient le courrier vers les châteaux du roi de France.

Setier avait regardé ce rituel avec respect. Des cent vingt chevaliers de la garnison, le capitaine était seul à savoir écrire.

Louis se leva et s'étira.

– Un moine, dis-tu ?

– Aubain, oui.

Le capitaine pinça les lèvres, incrédule. Il connaissait Aubain ! Le moine avait certes une stature imposante, mais on n'imaginait pas un érudit penché du matin au soir sur des livres saints se livrer à cette messe barbare.

– Coupable ? Qu'est-ce qui te fait croire ça ?

– Il s'est querellé avec Gilles.

– Une querelle de moines, diable ! plaisanta Louis.

– Il l'a même frappé !

– Qui t'a raconté ça ?

– Desgrées, l'aubergiste. Il le tient d'Antony, le charpentier chargé de la réparation du chœur. Il les a vus. Aubain menaçait de l'étrangler.

« Commérages ! » songea le capitaine. Dans cet enclos où l'on se bousculait, les bagarres étaient fréquentes parmi les chevaliers. Pourquoi pas chez les clercs ? Soudain, il se souvint d'avoir aperçu cet Aubain, la veille, au pied du contrefort. Le moine pleurait avec bruit tandis que ses frères gardaient leur dignité. Le remords ?

– Allons voir ton coupable.

D'un coup de menton, il désigna la porte du logis. L'officier courba la tête pour franchir la voûte. Le vent froid poussait des nuages sombres. Ses rafales dispersaient les cris de détresse des goélands. Sur la grève, on distinguait des silhouettes à la limite des flots : faux pèlerins, pêcheurs de coquillages, rôdeurs, soldats. Les Anglais n'étaient jamais loin, même si le fort de Tombelaine, à trois kilomètres au nord, semblait abandonné.

Prudent, Louis avait renforcé la garde à la porte du Roy. Quatre arbalétriers veillaient en permanence, des hommes d'élite capables d'utiliser le vent pour allonger la portée de leurs carreaux.

L'abbaye était paisible, trop à son gré. Au demeurant très religieux, Louis aimait mieux prier sous le ciel, dans le bruit du vent et des vagues, qu'à l'intérieur de ces magnifiques tombeaux où sa pensée s'éloignait du Créateur au lieu de le rejoindre. Richard de Mantoue le taquinait souvent à ce propos, prétendant qu'il avait l'âme païenne, au fond. Louis riait. L'essentiel, répliquait-il, était de prier, fût-ce les armes à la main. Les croisés n'agissaient pas différemment pour mériter le paradis. Le Mont-Saint-Michel était une autre Jérusalem, où moines et chevaliers menaient le même combat.

– L'abbé Richard – on lui donnait ce titre depuis la défection de Jolivet sans procéder à une autre élection – attendait leur arrivée près des logis abbatiaux. Il sourit d'un air contraint.

– J'ai interrogé notre frère Aubain. Vous pourrez l'entendre à votre tour.

Une confession ? Richard de Mantoue s'en remettait avec confiance aux défenseurs du Mont. Mais son accent sceptique démontrait qu'il ne partageait pas leurs soupçons.

Il les conduisit dans la salle de Belle-Chaise qui faisait office de tribunal. Avec ses hautes fenêtres lumineuses et sa voûte de châtaignier, à trente pieds du sol, la pièce avait une solennité outrepassant le cadre d'un banal interrogatoire. Le vent qui chassait les nuages découvrit un soleil éblouissant comme un signe céleste. Délaissant le siège imposant de l'abbé, Richard s'assit sur un banc, à côté des deux soldats. Presque aussitôt, Aubain entra. Sa haute taille surprit le capitaine qui conservait le souvenir d'un moine et croyait voir un guerrier. Ses doigts noueux, étrangement entaillés, évoquaient un bûcheron plus qu'un maître enlumineur, le dernier de l'abbaye.

Louis allait prendre la parole quand une cloche, plus frêle que le bourdon de Saint-Michel, retentit. L'abbé répondit aussitôt à l'appel. Il se leva et adressa au capitaine un signe de la main qui pouvait être une bénédiction aussi bien qu'une incitation à poursuivre le procès sans lui. Ce départ imprévu déconcerta Louis, néanmoins il reprit promptement son assurance.

Pendant ce temps, Aubain s'était avancé vers les chevaliers. Ignorant l'invitation du capitaine, il demeura debout, à trois pas, les yeux rivés sur la croix noire fixée au mur entre deux fenêtres. De la part de cet homme imposant, le capitaine s'attendait soit à un silence orgueilleux, soit à des paroles enrobées de douceur, propres à instaurer une distance entre un serviteur de Dieu et un simple guerrier, car, selon la règle de son ordre, les moines ne relevaient que de l'abbé. Seuls la guerre interminable et les dangers qui pesaient sur l'île conféraient au capitaine une autorité plus large que de coutume.

Or, avant de s'adresser à l'accusé, Louis vit ses larmes jaillir et son visage se décomposer.

– C'est moi, balbutia Aubain.

– Toi ? Que veux-tu dire ? Le crime ?

Le moine prit une grande inspiration. Sa bouche se tordit sous l'empire de la souffrance.

– La mort de Gilles, oui, c'est moi ! Dieu me jugera.

Après cet aveu, il se courba comme s'il avait reçu un coup sur la nuque. Il suffoquait.

– Pour quelle raison ? demanda le capitaine. Vous vous étiez querellés ?

– Souvent, avoua Aubain d'une voix éteinte.

– Que se passait-il ? Vous étiez jaloux ?

– Jaloux, oui.

– Pourtant vous n'exécutiez pas les mêmes travaux. D'après ce que je sais, Gilles traduisait, il écrivait aussi. Toi, tu dessinais, tu enluminais. D'où venait cette rivalité ?

Le moine demeura un moment interdit, puis il secoua la tête avec une sorte de fureur.

– Nous nous aimions !

– Drôle de façon de s'aimer ! ricana le Saxon.

D'un geste péremptoire, le capitaine imposa silence à son lieutenant avant de reprendre d'un ton conciliant :

– Vous vous aimiez, tu veux dire que vous étiez amants ?

Aubain ferma les yeux.

– Moi, je l'aimais, c'était plus fort que…

Toutes les fenêtres s'éteignirent d'un coup comme si le soleil avait disparu. Aubain tressaillit.

– C'était son châtiment. Le mien sera pire, chuchota-t-il.

– Cela ne nous explique pas comme tu t'y es pris pour suspendre ton giton à trente pieds du sol, grommela l'officier.

– Je l'ai maudit !

– Tu ne t'es pas contenté de le maudire, répliqua le Saxon. Tu as tenté de l'étrangler !

– La colère… s'écria Aubain, véhément.

– Il te trompait ? demanda Louis avec douceur.

– Ce n'est pas ça, non. C'est ma faute…

– Tu veux dire que tu l'as forcé ?

Aubain vacilla. Il tendit la main comme pour chercher un appui.

– Pourquoi ne pas t'asseoir ? répéta le capitaine, conciliant.

Comme le moine restait muet, le Saxon s'énerva :

– C'est toi qui as décroché la corde de la cloche ?

– Pas moi, non ! protesta Aubain, scandalisé.

– Vous étiez plusieurs ? Qui l'a fait ? Qui t'a aidé ? Parle !

Le moine le dévisageait d'un air décontenancé.

– Pour accrocher Gilles si haut, vous deviez être nombreux, reprit Jean Setier. Je ne doute pas de ta force, mais elle ne suffit pas. Il faut une adresse peu commune. Tu nous en as dit beaucoup, mais pas assez.

Le soleil revint brusquement. Aubain cligna des yeux et resta muet comme si la dissipation de l'ombre propice aux aveux anéantissait sa volonté de s'accuser.

– Ainsi, tu es coupable, reprit le capitaine.

– Coupable, oui.

– Mais pourquoi ce spectacle sacrilège ? La cité a son gibet, son échelle et sa corde. La logique aurait voulu que tu t'en serves. Or ce n'est pas le cas. Ce n'est pas toi, n'est-ce pas ? Non, ce n'est pas toi, ajouta Louis devançant les protestations du moine. Ce n'est pas toi, mais tu connais les coupables, avoue.

Aubain inclina la tête.

– Leurs noms, dis-nous leurs noms, et je te laisserai en liberté. L'abbé décidera de ta pénitence.

– Ai-je besoin de le dire ? demanda le moine d'une voix rauque.

– Certes.

Les lèvres du moine s'agitèrent sans émettre un seul son.

– Parle plus haut ! exigea Jean Setier.

Aubain leva les yeux au ciel. Ses larmes recommencèrent à couler.

– Tu ne nous laisses pas le choix, soupira Louis. À cause de toi, je vais être obligé de fouiller l'abbaye, de questionner tes frères, c'est ce que tu veux ?

Comme le moine se murait dans le silence, le capitaine fit signe à l'officier.

– C'est bien, enferme-le, il aura le temps de méditer et nous, de comprendre.

Le Saxon prit le bras du moine qui ne fit aucune difficulté pour le suivre. Louis demeura pensif sur son banc. Il n'avait qu'une certitude : Aubain n'était pas coupable malgré ses aveux. L'affaire était plus obscure. Elle l'était aussi pour l'abbé. En lui ouvrant les portes de l'abbaye, Richard espérait sans doute dissiper le mystère, disculper Aubain et démasquer l'auteur de la profanation sans perturber plus longtemps la vie de la communauté. Il est vrai que les méthodes du capitaine étaient plus expéditives que les siennes. Avec un autre suspect, Louis n'aurait pas hésité à employer la torture, cependant un moine, même sodomite, méritait le respect.

« Il connaît la vérité, pensa-t-il, il la connaît, j'en suis certain. Pourquoi refuser de la dire ? La peur ? » Plus il pensait à sa confession plus il doutait de son crime. L'homme était vulnérable, inoffensif, et, même en envisageant une folie capable de décupler ses forces, il aurait été incapable d'imaginer le gibet de pierre et d'accomplir l'exploit d'y suspendre sa victime.

Pour la première fois, l'hypothèse d'un phénomène surnaturel l'effleura. Il la chassa aussitôt. Il avait beau croire au diable, comme tout le monde, la protection de l'archange excluait que le malin se manifestât devant son sanctuaire.

En sortant de l'abbaye, il crut lire du soulagement dans les regards des gens de la cité. La nouvelle de l'arrestation s'était sans doute répandue. Ils étaient satisfaits. Pas lui.

4

Avec sa forêt de colonnes, ses larges fenêtres ouvertes sur le ciel, et ses voûtes, l'atelier ressemblait à une église. Il y régnait le même recueillement, sauf que les fidèles étaient rares : sur les soixante érudits et artistes de jadis, il ne restait que cinq copistes depuis la mort de Gilles et l'emprisonnement d'Aubain, les plus doués. Les cinq moines, penchés sur leurs tablettes, avaient l'air de prier. Ils ne relevèrent pas la tête au passage du capitaine et de l'abbé.

Louis connaissait par cœur la chronique glorieuse de l'abbaye : deux siècles auparavant, le Mont-Saint-Michel passait pour le foyer intellectuel le plus brillant d'Occident. Sous l'autorité de l'abbé de Thorigny s'imposait une fastueuse hiérarchie. Au sommet régnaient les plus savants, traducteurs des auteurs grecs Aristote et Platon. Puis venaient les écrivains : l'un travaillait à l'histoire du Mont-Saint-Michel ; deux autres, à une vie des saints. Certains transcrivaient les œuvres latines en langue profane. Gilles effectuait la même mission avant sa pendaison. Au même niveau, on trouvait les enlumineurs, capables de transformer des pages de texte en œuvres d'art. Puis les copistes, et, à l'écart, dans l'angle nord de la salle, les novices chargés de préparer les peaux et de relier les parchemins sous la surveillance du cantor. Tout un peuple d'êtres silencieux, absorbés par leur tâche près de cheminées ronflantes, aujourd'hui éteintes.

– C'est ici.

Richard de Mantoue s'immobilisa devant la table d'Aubain, un meuble composé d'un plan incliné et de casiers de rangement. Les outils du moine étaient nettoyés et alignés dans un ordre strict : plumes, cornues, scalpel, stylet, lymette, loupes et bols emplis de poudres de couleurs variées. Sur la planche de travail, quatre poids de fer, gravés de coquilles, maintenaient un manuscrit inachevé, dont l'enluminure représentait saint Martin partageant son manteau d'un coup d'épée. L'ordre méticuleux de la table de travail démentait toute précipitation.

Tandis que Louis examinait le dessin, l'abbé s'était éloigné par discrétion ou indifférence. L'atmosphère était étrange : ces pupitres vides dans cette immense salle endormie. Les derniers moines semblaient absorbés par leurs travaux, pourtant le capitaine croyait sentir leurs regards peser sur lui. Hostiles, presque menaçants. Lui, leur défenseur, était soudain devenu indésirable, relégué de l'état de justicier à celui de bourreau. Que lui reprochaient-ils ? Le harcèlement et l'arrestation de leur frère ? Envahi d'une bouffée de colère, Louis porta la main à son épée. Parmi ces mines réprobatrices se trouvaient peut-être des complices, du moins des témoins de l'assassinat. Il n'avait aucune intention de les questionner, mais il n'était pas dupe : leur opprobre muet n'était qu'un alibi, il le sentait.

Pourquoi ? La question l'obsédait. Pourquoi cette conspiration du silence ? Les moines auraient dû se presser autour de lui, l'interroger, impatients de connaître la vérité au lieu de paraître avoir oublié le drame.

Il fouilla machinalement dans les parchemins roulés à l'intérieur des casiers d'Aubain. Ceux-là étaient terminés, prêts à être insérés dans les manuscrits et reliés. Il les déroula l'un après l'autre et les fixa à la table pour les examiner. Tous révélaient un trait d'une délicatesse extrême et des couleurs lumineuses. Grâce à lui survivait l'inspiration qui faisait naguère la richesse de l'atelier. Il admira les bleus et les ors d'une adoration des mages, puis une représentation de saint Michel. L'archange triomphant brandissait son épée. Le diable tout noir était à terre, agrippé à ses jambes dans une position implorante. En les regardant, on se disait que l'auteur de ces merveilles ne pouvait être un vulgaire assassin. Puis, en déroulant un nouveau parchemin, une scène frappa Louis. Elle figurait le châtiment de Judas. Selon les Écritures, l'apôtre, torturé par sa trahison, s'était pendu à un arbre. Or, le dessin qu'il avait sous les yeux représentait le traître pendu à une longue corde, elle-même attachée à un pilier.

La similitude avec la mort de Gilles était troublante. Aubain aurait-il été obsédé par sa vengeance au point de la dessiner avant de l'exécuter ?

Intrigué par son expression perplexe, Richard de Mantoue quitta sa table et le rejoignit. Devant l'objet de son attention, il secoua la tête.

– Cela ne signifie rien.

– La traîtrise peut être un mobile, objecta Louis.

Il ne croyait pas vraiment à ce qu'il disait, mais parler l'aidait à réfléchir.

– L'enluminure date d'un an si j'ai bonne mémoire, poursuivit Richard. La scène a peu de chance d'être prémonitoire comme vous semblez le croire.

– Aubain s'est accusé, insista le capitaine.

– De quoi exactement ?

– Vous le savez.

Le geste évasif de l'abbé pouvait signifier oui ou non. Quoi qu'il en soit, Louis était convaincu que Richard connaissait une partie de la vérité. Cette certitude ne l'avançait guère car, si sa source provenait d'une confession, il n'en saurait pas davantage : le secret était une loi sacrée.

Il libéra le parchemin, le roula et le replaça dans son casier. Quand il se releva, il perçut une odeur nouvelle, âcre, piquante, qu'il avait déjà sentie auparavant. Il l'identifia : une des solutions avec lesquelles on traitait les peaux de chevreau. Bien qu'elle brûlât la gorge, les moines n'en semblaient pas indisposés. Généralement, ces préparations avaient lieu en dehors de l'atelier pour ne pas gêner les copistes et les enlumineurs.

Louis se mit à tousser jusqu'à la suffocation. Il se tourna vers l'abbé qui ne semblait aucunement incommodé, et se sentit ridicule. Voulait-on l'éprouver, le chasser ? Il aurait fallu que Richard fût complice. Or l'abbé était incapable d'une telle mesquinerie. Sous l'habit austère, usé par des années de siège et de privation, battait le cœur du gentilhomme dont Louis estimait la droiture et le courage.

Au même instant, la cloche retentit. Louis reconnut le bronze de saint Michel. Ils avaient rattaché la corde. Celle de la pendaison ? La pensée lui parut insensée. Tandis que les moines se levaient en silence pour se rendre à la prière, il se dirigea lui-même vers la sortie. Par égards ou méfiance, l'abbé l'accompagna jusqu'à la porte. Ils passaient parmi les frocs noirs et les novices aux regards fuyants. Ulcéré, Louis se remit à les soupçonner. En voyant l'armoire de la bibliothèque, il se demanda s'il n'allait pas l'ouvrir et feuilleter les livres pour affirmer son autorité.

Une autre fois, et pour le plaisir, décida-t-il. La plupart des ouvrages entrevus à l'occasion de deux visites précédentes étaient de purs chefs-d'œuvre, même si les moines vendaient maintenant les plus rares au duc de Bretagne et à la duchesse d'Anjou pour subvenir aux besoins de l'abbaye dont les Anglais confisquaient une grande partie des revenus.

Sous le porche, Yvon attendait le capitaine.

– Michel vous réclame, seigneur.

Il y avait quatre Michel parmi ses chevaliers.

– Carrouges ?

Yvon acquiesça.

– Il a découvert quelque chose.

– Quoi donc ?

Le jeune guerrier écarta les bras en signe d'ignorance. Ses cheveux de paille, ses joues rouges et ses larges épaules lui donnaient un air rustique que démentaient ses vertus de chevalier.

– Il ne me l'a pas dit. C'est rapport au pendu, je crois.

– Qu'il me rejoigne à l'auberge.

L'hôtellerie de l'Archange était la seule auberge de la cité. Les autres avaient fermé au fil des ans, ruinées par la guerre qui détournait les riches pèlerins de l'île, depuis l'interdiction du pèlerinage de Saint-Michel décrétée par le duc de Bedford. C'était une haute maison de bois où le capitaine se réfugiait quelquefois, chassé par l'humidité de son logis de pierre. Il avait ses habitudes sous la charpente du toit. Le grenier, loué pour quelques sols, sentait la paille et recueillait la chaleur de la salle commune dont la cheminée flambait nuit et jour.

Comment Charles Desgrées, le patron, trouvait-il du bois quand l'abbaye en manquait cruellement ? C'était l'un des secrets du personnage. Desgrées commerçait avec la plupart des contrebandiers et des pirates de la côte depuis que le duc Jean V de Bretagne, officiellement favorable aux Anglais, avait décidé que le Mont-Saint-Michel ne devait pas tomber aux mains de ses dangereux alliés.

L'aubergiste accueillit le capitaine avec une bonhomie forcée. L'homme était lourd, sombre, brutal et irascible, sans doute marqué par la tragédie qui avait assombri sa vie : des années auparavant, les Anglais avaient brûlé sa taverne du Cotentin et violenté son épouse qui s'était donné la mort.

– Il paraît que Luxembourg a livré Jeanne la Pucelle aux Anglais pour dix mille livres, grogna Desgrées. C'est un bon prix. Le pourceau aurait vendu sa mère pour la moitié.

Pour ponctuer son propos, il cracha dans la cheminée. Le feu était vif. Deux chapons rôtissaient sur une broche. Louis étendit les mains vers les flammes d'un geste machinal. Il demeura un long moment pensif, puis la conscience du moine incarcéré, injustement peut-être, le ramena à la réalité. Le caveau de la prison, situé sous l'ancien sanctuaire, était obscur et glacé.

– Qui a dénoncé Aubain ? demanda-t-il.

L'aubergiste haussa les épaules.

– Lui-même. Il n'avait besoin de personne. Malgré son froc, l'homme est pervers et brutal.

– De là à pendre un de ses frères…

– Les êtres les plus inoffensifs peuvent se conduire comme des diables, les plus loyaux se vendre aux Bourguignons !

La réflexion surprit le capitaine. Sous le front bas et les gros sourcils de Desgrées, les yeux étaient empreints de malice.

– Pourquoi les Bourguignons ?

L'aubergiste se contenta de cligner de l'œil. Louis tressaillit malgré lui. Douze ans auparavant, pour l'amour d'une fille, il avait livré un secret aux gens du duc Philippe, l'ennemi du roi. Le secret était sans conséquence, mais il s'en accusait encore comme d'une trahison, lui qui exigeait des siens une loyauté absolue. Puis il se dit que Desgrées ne pouvait pas savoir, non, il ne savait pas ! L'allusion était une coïncidence.

Pour dissiper le malaise, il demanda :

– Tu le connaissais ?

– Aubain ? Très peu, mais j'entends tout, ici, comme en confession.

– Ce charpentier, Antony…

– Un brave garçon, incapable de mentir.

– Ainsi, Aubain a menacé Gilles.

– Ce n'était pas la première fois.

À cet instant, la fille de l'aubergiste interrompit leur discussion en offrant à Louis un gobelet d'hydromel qu'il n'avait pas réclamé. Son apparition dissipa ses pensées ténébreuses. À quinze ans, Héloïse était une vraie beauté. Sous la robe bleue très ajustée, Louis admira la taille mince et les seins ronds, puis ses yeux caressèrent les boucles blondes, les traits fins et la bouche charnue. Détail charmant, elle portait au poignet un mince bracelet de feuillage comme en tressent les enfants.

Par quel prodige un homme aussi grossier avait-il pu engendrer une créature aussi raffinée ? Sa défunte épouse devait être fort belle, sans doute, pensa Louis. La fille était sage. On l'apercevait rarement dans la salle commune, et presque jamais hors de l'auberge. Cette discrétion obéissait à leur convention. Des années auparavant, Louis d'Estouteville avait ordonné aux femmes et aux enfants d'évacuer le

Mont-Saint-Michel sous prétexte d'assurer leur sécurité. En réalité pour ne pas gêner la défense de l'île et économiser les vivres.

Desgrées avait insisté pour garder Héloïse, menaçant de partir avec elle, et le capitaine lui avait accordé ce privilège sous réserve que la fille restât cloîtrée. On avait besoin de l'aubergiste pour franchir les barrages anglais, corrompre les guetteurs, ravitailler la forteresse et faire office d'intendant depuis que celui de l'abbaye avait rejoint le camp ennemi.

Entre-temps, la fillette était devenue une jeune femme capable de semer le désordre dans la garnison douloureusement privée de plaisirs charnels. Rares étaient les chevaliers qui ne rêvaient de la mystérieuse Héloïse.

Louis suivit malgré lui le doux balancement des hanches, le creux des reins et la rondeur des fesses soulignées par la souplesse du velours. Comme si elle devinait l'attention dont elle était l'objet, Héloïse tourna brusquement la tête, surprit son regard et laissa paraître une ombre de sourire. « Pas si innocente ! » pensa Louis. Quand elle disparut, la lumière des bougies parut s'éteindre. Il vida son gobelet d'un trait et recula de quelques pas pour fuir la chaleur du foyer qui le cuisait. Depuis quelques minutes, il avait cessé d'écouter les discours malveillants de l'aubergiste. Pris d'un vertige, il marmonna une excuse et sortit. La fraîcheur de la nuit parut l'apaiser.

C'était la pleine lune. Sous sa clarté, l'abbaye ressemblait à une apparition, une forme lointaine et surnaturelle. Autour des vestiges du clocher volaient de grands oiseaux, pareils à des insectes attirés par la lumière. Des goélands ? Impossible. Quant aux nocturnes, ils s'aventuraient rarement dans la baie. Il se frotta les yeux. Les créatures ailées disparurent avant de resurgir plus proches, énormes, rasant le sol. Il crut percevoir le battement de leurs ailes et leurs cris aigus.

Devant lui, les choses étaient déformées, mouvantes, vertigineuses, les maisons, les toits, le sol lui-même, au point qu'il dut s'adosser à l'auberge pour ne pas perdre l'équilibre. Puis du chaos des maisons surgit une silhouette gigantesque. Elle bondit sur l'église, s'éleva le long des murs. Parvenue au sommet, elle parut se dédoubler, une partie plus sombre tomba ou sauta. Il attendit le bruit ; il n'y en eut aucun. Il crut avoir rêvé quand il entendit des pas. Quelqu'un descendait la rue. Un tintement de fer réveillait les murs silencieux. Alerté, il empoigna son épée.

– C'est vous, seigneur ?

Il reconnut Yvon.

– Qui veux-tu que ce soit ?

Ulcéré de sa frayeur, il avait pris un ton hargneux.

– Je ne l'ai pas trouvé.

– Qui ça ?

– Michel, seigneur.

– Carrouges ? Tu ne l'as pas bien cherché. Il n'a pas pu s'envoler !

– J'ai interrogé les guetteurs. Aucun ne l'a vu. Les autres dorment.

– Eh bien, réveille-les !

– Si vous voulez.

– Je le veux, oui !

Il eut conscience du regard intrigué du jeune chevalier : il devait être pâle et fébrile. Pour échapper à sa curiosité, il le planta sur le seuil et rentra dans l'auberge. À présent, il avait besoin de chaleur. On lui servit du chapon et du vin, un fût saisi sans doute sur les navires qui reliaient Bordeaux et Londres en frôlant les anses bretonnes où s'embusquaient les pirates. Peu à peu, ses hallucinations disparurent. La cheminée n'était plus qu'un lit de braises. Sur les tables voisines, les pèlerins parlaient à voix basse. Les ombres qui s'agitaient sur les murs étaient rassurantes.

Tout en mangeant de bon appétit, il espérait revoir Héloïse. Mais elle demeura invisible durant toute la soirée. À sa place, il vit apparaître Tristan, l'une des créatures de Desgrées. L'aubergiste avait deux valets affublés de surnoms mythiques ironiques : Atlas était un nain, sorte de vieil enfant au visage ridé, muet et furtif, qui faisait la cuisine et servait à table. Le second, Tristan, était immense et d'une laideur repoussante. Sa tête semblait avoir été écrasée par un coup de masse d'armes : le front fendu, réduit à deux protubérances d'inégale grosseur, la chair boursouflée et noircie du côté droit par quelque feu infernal, le nez aplati, de grandes dents ébréchées, la mâchoire inférieure brisée et déjetée à droite vers l'oreille arrachée, dont il ne restait qu'un orifice nu. Le corps bossu, les bras trop longs, les mains énormes. Quand il se redressait, son crâne frôlait les poutres à sept pieds du sol, mais la plupart du temps il se tenait courbé comme s'il avait honte de son apparence hideuse.

L'homme était effrayant et doux. Quand il entra dans la salle, il tenait au creux de la main une sorte de moineau. Un geste maladroit et ses doigts l'auraient écrasé, or l'oiseau ne courait aucun risque : Tristan était délicat avec les bêtes. Il parlait leur langage et elles lui répondaient : les chiens, même les féroces chiens de guerre enfermés dans leurs cages de fer, près de la herse, les chats, jusqu'aux rats qu'il aurait apprivoisés si on ne le lui interdisait pas. « Maudit sorcier ! » grommelait l'aubergiste.

Louis avait confié Ardent, son cheval, au géant, avec réticence au début, puis avec regret en constatant la préférence que son fidèle coursier accordait au monstre. Le capitaine était jaloux de cette accointance !

Les pèlerins regardaient avec ébahissement le moineau sautiller sur les traits du monstre comme sur les arêtes d'un perchoir.

Soudain, Desgrées appela le valet. Tristan sursauta. Ses doigts refermés formèrent une cage protectrice. Quand il les desserra en se redressant, l'oiseau voleta jusqu'à son épaule.

Louis avala son gobelet de vin et gagna son grenier. Sa paillasse sentait l'herbe fraîchement coupée. Ses membres étaient douloureux comme après une journée de combat. Épuisé, il sombra aussitôt dans un sommeil sans rêve.

5

Les soldats actionnaient le treuil. La coque montait lentement au bout du filin, le long du rempart. Quand elle parvint au niveau du créneau, les hommes la stabilisèrent avant de la déposer avec précaution sur les dalles. L'un des chevaliers trancha les cordes qui liaient le corps au berceau d'osier, et annonça d'une voix sourde :

– C'est Michel.

Louis d'Estouteville saisit une torche, écarta ses hommes et se pencha sur le noyé. C'était bien Michel Carrouges, son fidèle compagnon. Tandis que les chevaliers discouraient avec les pêcheurs, du haut du mur, il examina le défunt. Le cou avait été broyé, la tête presque arrachée. Ses membres désarticulés ressemblaient à ceux d'un pantin. Ce n'étaient pas la chute ni les vagues qui avaient pu briser ainsi ce corps robuste.

Les soldats conversaient encore avec ceux qui l'avaient ramené, sans les voir, car la nuit était obscure. Ils l'avaient reconnu à sa tunique ornée des fleurs de lis. Par instants, on entendait le raclement de leur barque sur les rochers.

– Ils l'ont trouvé au large, emporté par la marée, sans doute, expliqua un chevalier en écho au récit des pêcheurs.

– Dans leur filet.

– Comme un dauphin.

– Je savais bien, moi, qu'il n'avait pas déserté.

Louis leur adressa un regard sévère pour leur imposer silence. Pas un seul instant il n'avait envisagé la défection de son lieutenant, guerrier courageux et indéfectible partisan du roi.

– Prévenez l'abbé, ordonna-t-il. Nous le veillerons tous ensemble.

Tous, cela signifiait les moines et les chevaliers. Michel avait exposé sa vie pour eux bien des fois. Bouleversé par un dénouement qu'il avait redouté sans l'admettre, le capitaine toucha la cicatrice de son front. Il souffrait.

Il aurait voulu chasser ceux qui hissaient maintenant les paniers de poissons apportés par les pêcheurs comme si la vie était plus importante que la mort. Il se retint. Ces hommes ne faisaient que leur devoir. La guerre continuait, et pour la mener il fallait bien nourrir ceux qui résistaient.

Était-ce la guerre, ce nouveau crime ?

Il ôta une algue collée au front de Michel. Durant deux jours, il l'avait cherché. Ne le trouvant pas, il avait redouté un malheur. Mais comment imaginer cette fin tragique ? Michel avait été l'un des plus ardents défenseurs de l'île. Cinq ans auparavant, il avait tué six Anglais à lui seul, lors du grand assaut, avant de pousser la contre-attaque jusqu'aux abords de Tombelaine.

Il semblait invincible. Quelle force surhumaine l'avait écrasé avec cette férocité ?

Les chevaliers, penchés sur l'officier, se signaient. Leurs torches formaient un cercle autour du trépassé. Sous cette lumière plus vive, Louis remarqua une large tache rouge en forme de croix sur la tunique blanche du chevalier, juste à la place du cœur. Ce n'était pas du sang : l'eau et le sel l'auraient effacé puisque le corps semblait avoir été immergé depuis le jour de sa disparition. Il se souvint alors de la tache rouge sombre qui souillait la robe du pendu.

À cet instant, Richard de Mantoue survint en compagnie du Saxon. L'abbé s'agenouilla à côté de la victime, la main appuyée sur l'épaule du capitaine, et murmura d'une voix altérée :

– Que s'est-il passé ?

Louis ne répondit pas. Comme il examinait la marque rouge, le moine tâta la tunique et confirma :

– Cette tache est la même que celle de Gilles. Je crois savoir d'où elle provient.

Le capitaine tourna la tête comme s'il remarquait subitement sa présence.

– Que voulez-vous dire ?

– Cette couleur… ce n'est ni du sang ni de l'encre, comme je le pressentais, mais une teinture capable de résister à la pluie et à la mer.

– Je ne comprends pas.

– Moi non plus, avoua l'abbé. Cependant les recherches que j'ai entreprises démontrent qu'il s'agit de murex, un coquillage. C'est lui qui produit cette teinte très particulière, résistante, et fort rare.

Louis se rappela que l'abbé était un personnage savant. On disait qu'il s'adonnait à l'alchimie, pratique réprouvée par l'Église.

– Pourquoi cette couleur ?

– Je l'ignore. Elle nous indique seulement que le coupable est le même et qu'il tient à nous le faire savoir.

– Il veut signer ses crimes ?

– Assurément.

Le capitaine crispa les poings.

– En restant invisible. C'est de la lâcheté !

L'abbé acquiesça en silence. Il était mal à l'aise, et Louis éprouvait lui aussi une sourde inquiétude. Il faillit se signer, puis réalisa que ses hommes faisaient le geste sacré pour conjurer le mauvais sort. C'était donner trop d'importance au monstre.

– Il veut nous défier, cette couleur de sang...

– Couleur de pouvoir, de domination, rectifia l'abbé. Cette couleur particulière est la pourpre. Elle signifie que le meurtrier se sent victorieux.

– Nous verrons ce que sera son triomphe lorsque je mettrai la main sur lui ! s'écria le capitaine.

Il avait lancé ces mots à haute voix en espérant que le coupable l'entendait. Il était là, peut-être, tapi dans l'ombre comme une bête. Au-delà du cercle des torches régnaient la nuit, l'inconnu, sa propre faiblesse.

Il revint au corps étendu à terre, gonflé par l'eau de mer, méconnaissable. Des moines, prévenus, chuchotaient entre eux.

– Permettez-nous d'emporter votre compagnon, dit l'abbé en serrant de nouveau l'épaule du capitaine. Nous effacerons ses souillures et l'exposerons devant l'autel de l'abbatiale, comme il sied à un chevalier.

Louis acquiesça, puis il ordonna à ses gens d'aller chercher des habits neufs dans son logis.

– Ma tunique blanche et mes éperons, spécifia-t-il.

Il se redressa. Il n'était pas vaincu. Non content de tuer son lieutenant, le meurtrier le narguait. Cette couleur haïssable, il en découvrirait l'origine, et en la trouvant il démasquerait le coupable.

Tandis que les moines transportaient la dépouille de Michel jusque dans l'abbaye, il réunit ses chevaliers.

– La couleur rouge, leur dit-il, c'est ce qui doit vous guider. Désormais, nous n'avons pas d'autre ennemi que celui qui nous insulte ici même.

– C'est peut-être une ruse des Anglais pour détourner notre attention, avança Yvon en rougissant de son audace.

– Peut-être, admit le capitaine. Cherchez bien, l'île n'est pas si vaste.

Le Saxon secoua la tête, obstiné. Avec ses traits lourds, son cou épais et ses cheveux raides comme du crin qui se prolongeaient jusqu'au milieu du dos, il faisait penser plus que jamais à un animal.

– Nous avons surveillé nuit et jour sans rien remarquer de suspect. Les rondes ont été rigoureuses, j'y ai veillé.

Un murmure d'assentiment parcourut les rangs des chevaliers.

– Et pourquoi ? Pourquoi Michel ? reprit l'officier d'un air hargneux.

– Peut-être avait-il résolu le mystère, précisément, répliqua le capitaine.

Ce qui n'était qu'une supposition s'imposa soudain à lui comme une évidence.

Yvon acquiesça.

– Le soir où il a disparu, il voulait vous voir, souvenez-vous. Il avait découvert quelque chose…

– Il faut rechercher ce qu'il a fait ce jour-là, les lieux où il s'est rendu, les gens qu'il a rencontrés. On peut l'avoir tué pour l'empêcher de parler.

– Pour le jeter à la mer, ils devaient être nombreux, objecta le Saxon. Michel n'était pas facile à terrasser, d'autant qu'il devait se trouver sur ses gardes.

– À moins que… murmura un chevalier.

Comme il se taisait, le capitaine l'invita à poursuivre.

– Que veux-tu dire ?

L'homme prit ses compagnons à témoin.

– J'ai vu le corps comme vous. Ces morts ne sont pas ordinaires. Le moine d'abord, Michel ensuite. Une flèche, un coup de poignard, je comprends, mais cet acharnement…

– On dirait un ours !

– Les ours ne sont pas si malins.

– Un bourreau !

– Un bourreau, ça oui, mais…

– Un démon !

Le mot était lâché. Ils se regardaient en silence, effrayés d'avoir dévoilé leur pensée, comme si l'aveu même les mettait en danger.

– Ours, bourreau, démon, dit le capitaine, quel que soit le nom qu'on lui donne et qu'il mérite, c'est un homme qu'il faut chercher, un homme et une couleur !

– Et pour Aubain ? intervint le Saxon.

– Relâchez-le, ordonna Louis. Il n'a pas pu tuer Michel puisqu'il se trouvait en prison à l'heure de sa mort.

– On n'est pas plus avancés, grommela un chevalier.

– Pensez à Michel, conseilla le capitaine. Il était seul. Allez toujours par deux et n'hésitez pas à donner l'alerte au moindre péril. Il n'y a pas de honte à redouter un ennemi invisible.

Il s'en voulut aussitôt d'avoir parlé ainsi : on aurait dit qu'il évoquait un fantôme.

La nuit était paisible. Un froid vif, pas de vent. Les feux de guet brûlaient le long des remparts. Malgré lui il songea à l'approvisionnement. S'ils n'étaient pas dangereusement à court de vivres, l'huile, le sel, le bois et la poudre risquaient à manquer. Depuis quelque temps, les livraisons se raréfiaient.

Les marins prétextaient un embargo qui ne les avait jamais embarrassés jusqu'à présent. « Prévenir Desgrées », songea-t-il.

Pendant une heure, il arpenta les remparts, d'un feu à l'autre, et bavarda avec ses hommes. Il évoqua leurs combats, leurs victoires, il plaisanta même. Ils ne demandaient qu'à rire pour exorciser leur appréhension. Quand il s'enfonça dans la nuit, cependant, la confiance qu'il avait ressentie et contribué à instaurer disparut. Il perçut une menace, une impression vague, oppressante, une présence hostile. Quelqu'un l'épiait, le suivait. Il crut entendre un souffle, mais s'interdit de presser le pas. Il atteignait son logis quand une ombre surgit. D'un geste vif, il dégaina son épée. À l'instant de frapper, il reconnut Yvon.

– Toi, encore !

– Pour la couleur, seigneur…

– Quoi donc !

– Je crois savoir d'où elle provient.

– Vraiment ? Et d'où vient-elle ?

– De l'abbaye ! J'ai découvert ce que je voulais voir, ce que vous allez voir !

– J'avais commandé d'aller par deux. Tu étais seul ?

– À présent, nous sommes deux, seigneur.

Malgré la situation tragique, le capitaine ne put retenir un sourire. Il aimait le jeune homme intrépide. Les autres le surnommaient Gerfaut à cause du faucon noir qui ornait parfois sa tunique, un trophée pris à l'ennemi.

– C'est bien, guide-moi.

Yvon prit la torche des mains du capitaine et ouvrit la voie. Ils descendirent l'escalier, le long du mur d'enceinte, et suivirent le chemin qui épousait le pied de l'abbaye. Sous l'étage inférieur, dominé par le logis abbatial, ils s'immobilisèrent. Yvon tâta le mur sur vingt mètres, revint, recommença, avant d'offrir à son seigneur un visage déconcerté.

– Il y avait une porte !

– S'il y en avait une, je le saurais, dit le capitaine en désignant le mur recouvert de ronces et de lierre.

– Elle était là il y a quelques instants, une porte ouverte, protesta Yvon d'une voix blanche.

– Admettons. Qu'y a-t-il de l'autre côté ?

– L'antre du démon ! chuchota le jeune chevalier. Une lumière, des vapeurs, une cuve rouge… Et un homme, un moine, je crois, je n'ai pas vu son visage. J'ai couru vous prévenir.

Le capitaine inclina la tête en souriant.

– Tu as bien fait.

– Vous ne me croyez pas ! grogna Yvon d'un ton de reproche.

– Bien sûr que si ! Mais il se fait tard. Nous reviendrons demain avec messire de Mantoue.

– La porte sera revenue ?

Le capitaine faillit éclater de rire. Comme si une porte apparaissait et disparaissait au gré de sa fantaisie ! Il se retint, de crainte d'offenser le garçon susceptible.

– Nous verrons. Pour l'instant, l'aube n'est pas loin. Rentrons, il nous reste quelques heures de sommeil.

– J'ai dit la vérité, je vous en fais serment, soupira le jeune chevalier avec un accent de désespoir.

– Inutile de jurer, dit le capitaine. Pourquoi mentirais-tu ?

Pour apaisantes qu'elles fussent, ces paroles ne consolèrent pas Yvon. Il suivit son seigneur la tête baissée, la bouche amère, et, au moment de le quitter, il répondit à peine à son salut.

6

L'arrivée d'un groupe de dix pèlerins retint Louis d'Estouteville une partie de la matinée. Le chef de la garnison devait s'assurer que les marcheurs de Dieu étaient bien ce qu'ils prétendaient, non des indésirables à la solde des Anglais. Il ne laissait à personne le soin de décider s'ils disaient la vérité. Des ennemis se dissimulaient souvent derrière les manteaux, les coquilles, les besaces et les bourdons des miquelots. Ces dix-là étaient sincères, leurs propos honnêtes, leurs regards éblouis et leurs corps usés par les épreuves. Il les escorta lui-même jusqu'à l'aumônerie.

Après les avoir confiés au frère aumônier, il se souvint de sa promesse : visiter l'antre mystérieux de l'abbaye. Yvon devait le rejoindre à l'aube ; il ne l'avait pas fait. L'adolescent impétueux était-il retourné sur les lieux sans l'attendre, ulcéré sans doute par le scepticisme de son capitaine ? Il est vrai que Louis, douloureusement affecté par la mort tragique de son lieutenant, avait alors autre chose en tête. Il interrogea ses hommes. Nul n'avait aperçu Yvon. Le dortoir des chevaliers était désert. « Maudit impatient ! »

Tête folle, Gerfaut se jetait toujours dans la mêlée sans attendre ses compagnons. Il était bien capable de semer le désordre pour démontrer qu'il n'avait pas menti !

Louis prit aussitôt le chemin du châtelet. Dans la salle des gardes, il rencontra Jean Setier et ordonna :

– Suis-moi !

– Une autre mort ? s'inquiéta le Saxon.

– Tu n'as pas vu Yvon, toi non plus, je suppose ?

– Il a encore commis quelque folie ? le gerfaut… l'étourneau, plutôt !

– Je ne sais pas encore. Allons voir l'abbé !

Louis marchait si vite que l'officier avait de la peine à le suivre.

– N'oubliez pas la cérémonie, lança-t-il.

– La messe, oui… dit le capitaine d'un air distrait. Yvon a cru voir ce que nous recherchons. L'origine de la couleur, ces croix couleur de sang.

Setier cracha au-dessus du parapet. Il ne croyait pas à l'importance du rouge diabolique qui marquait les victimes. Superstition ! Il resserra sa ceinture et caressa la poignée de son arme. Pour trancher les questions d'honneur, il avait coutume de s'en remettre à son épée, et la mort de Michel Carrouges était bien une question d'honneur. Les Anglais étaient coupables, c'étaient eux les seuls diables qu'il voulait combattre sans céder à la peur qui s'emparait des autres.

L'abbé ne se trouvait pas dans son logis. Un moine les dirigea vers le scriptorium d'où il venait de sortir. Ils le trouvèrent sur le parvis de l'église.

– Le corps de votre compagnon repose ici, dit l'abbé.

Il fit mine de les précéder dans le sanctuaire où le corps du lieutenant était exposé. Louis le retint.

– Avez-vous croisé Yvon ?

L'abbé plissa le front.

– Yvon ? L'un de vos gens ?

– On le surnomme Gerfaut, précisa l'officier.

– Ce jeune chevalier breton, oui… une belle âme…

La cloche tinta. Richard leva les yeux vers la toiture d'où s'envolaient des oiseaux blancs.

– Vous l'avez rencontré ? s'impatienta le capitaine.

– Quelques fois.

– Ce matin ! Il devait… nous devions vous rendre visite ensemble.

Le moine parut réfléchir à ce qu'on voulait lui demander.

– De quoi s'agit-il ?

Louis prit un ton rude pour masquer son embarras.

– Yvon a cru voir une pièce secrète.

Il regarda l'abbé avec attention pour voir l'effet de ce qu'il venait de dire. Richard manifesta un étonnement sincère.

– Une pièce secrète ? Vous voulez dire… Ici ? Dans l'abbaye ?

– Sous les logis. Des cornues, des alambics, des chaudrons… Cette couleur…

– La pourpre !

L'abbé fut pris d'un rire silencieux.

– Je comprends, venez.

Ils descendirent avec lui de plus en plus bas, le long d'escaliers obscurs. Près de l'ancien logis de Thorigny, une porte ouvrait sur un nouvel escalier. Richard de Mantoue saisit une torche, l'enflamma et descendit. Les marches étaient irrégulières, usées par le temps ; les murs taillés dans le granit. L'abbé allait lentement afin de permettre aux visiteurs de le suivre. Au bas des escaliers, ils se heurtèrent à une nouvelle porte. Richard tira une clé de son froc et l'introduisit dans la serrure.

– Ma pièce secrète et mes arcanes, annonça-t-il avec ironie.

Le caveau, creusé dans la roche, devait dater de l'origine du sanctuaire. Un énorme pilier central semblait plier sous le poids de la voûte basse. Le moine introduisit la torche dans un anneau de fer, puis il battit un briquet pour enflammer deux lampes. La lumière naquit, s'intensifia, révélant un sol de terre battue et quatre tables de pierre encombrées de fioles, de cornues et d'alambics. Dans un angle, on voyait un creuset noirci et de petites cuves telles qu'Yvon les avait décrites, preuve que le jeune Breton n'avait pas divagué.

Soudain, des sons étranges s'élevèrent. On aurait dit des chants ou des prières, mais différents des psalmodies des moines. Comme le capitaine levait la tête, étonné par ces manifestations sonores, l'abbé expliqua :

– Les voix nous parviennent parfois, malgré l'épaisseur de la roche.

– Les voix de l'église ? dit le Saxon.

L'abbé secoua la tête.

– L'abbatiale est trop haute, et Notre-Dame-sous-Terre trop lointaine. J'ignore d'où elles proviennent.

– D'outre-tombe, ricana l'officier.

L'abbé se renferma, réprobateur, comme gagné par le froid du caveau. La lumière des lampes, diffusée de bas en haut, donnait à son visage l'apparence d'un spectre. Comme le capitaine se penchait sur une coupelle, il consentit à dire :

– La pourpre, c'est bien ça. La robe de Gilles a livré son secret.

– Ce coquillage dont vous m'avez parlé, dit Louis, il vient de la mer, bien entendu ?

– Certes, mais pas de cette mer-ci, on le recueille en Méditerranée. En Normandie, le murex est inconnu. Le rouge est fourni par les racines de garance ou par la cochenille, un insecte…

Le capitaine le coupa, agacé par son commentaire savant.

– Ce serait donc un étranger ? Un Espagnol ? Un Italien ? Je parle du meurtrier.

Son regard s'arrêta sur les mains de l'abbé. Les doigts étaient tachés de rouge.

– La teinture est tenace, soupira le moine.

– Le sang de Caïn, grommela Jean Setier entre ses dents.

– Dans l'Antiquité, cette couleur était l'insigne du pouvoir, poursuivit Richard sans prêter attention à la remarque du Saxon. Elle distinguait les généraux, l'empereur lui-même, puis elle a servi pour les dignitaires de l'Église, les cardinaux. J'ai vécu à Rome avant de venir à Avignon, à Paris, puis au Mont-Saint-Michel. Mon père était teinturier. Il fournissait les habits des membres du Sacré Collège. Le pape, satisfait de ses services, l'a anobli. Il m'a enseigné le secret des couleurs. À sa mort, j'ai conservé certaines poudres : la pourpre, l'indigo, la malachite.

Il désigna son officine.

– J'en ai encore ici, en souvenir, bien que mes travaux me conduisent dans d'autres voies.

– Cette couleur trouvée sur Gilles puis sur Michel, c'était la vôtre ? insista Louis.

– La mienne, avoua le moine avec lassitude.

Le capitaine se rembrunit, sa voix se fit plus grave. Il avait posé la question sans appréhender la réponse.

– Vous voulez dire…

– La pourpre a disparu, ma réserve presque entière.

– Pourquoi l'avoir caché ? s'étonna Louis.

– Je n'ai compris la vérité qu'en analysant la robe de notre frère Gilles.

– Un voleur se serait introduit chez vous pour dérober cette teinture ? Dans quel dessein ? articula Louis, incrédule.

– Ça n'a pas de sens, je sais.

– Comment savait-il qu'elle se trouvait en votre possession ?

Le moine se passa la main sur le front comme pour dissiper un cauchemar.

– Je l'ignore ! J'ignore aussi comment il a pu s'introduire dans cette pièce souterraine. Nul n'y vient jamais. Pour l'atteindre, il faut passer par l'abbaye.

– N'existe-t-il pas une porte extérieure ?

L'abbé secoua la tête.

– Une porte, oui, fermée, condamnée depuis l'origine.

Elle existait donc, cette porte. Yvon n'avait pas rêvé. Une fois refermée, la végétation devait la dissimuler.

– Fermée depuis l'origine ? répéta le capitaine, sceptique. Cette porte était ouverte hier.

– Impossible !

– Yvon l'a franchie. Il a visité votre repaire. Il m'a décrit ces alambics, et cette coupelle, tenez. Il n'a pas pu les inventer. Il est venu aussitôt me prévenir qu'il avait découvert l'origine de la couleur, il disait vrai !

L'abbé se dirigea vers une porte dont on distinguait à peine l'existence dans l'épaisseur du rocher. Saisissant une lampe, il approcha la flamme du chêne armé d'énormes clous carrés et renforcé de barres de fer.

– Voyez ! s'écria-t-il. Les verrous sont poussés. Quant à la clé, je ne l'ai jamais eue.

– Quelqu'un l'a pourtant ouverte ! s'entêta le capitaine.

Le Saxon prit la lampe des mains de l'abbé et inspecta le panneau. Puis il tira sur les verrous de toutes ses forces sans parvenir à les mouvoir d'un millimètre.

– C'est pourtant vrai. Ces fers n'ont pas été utilisés depuis des siècles ! Pourtant… regardez ces marques sur la pierre, ces rayures ! On a ouvert les verrous. Il n'y a pas si longtemps !

– Mais la serrure ? objecta l'abbé. Avec quelle clé ?

– Je questionnerai Yvon, dit le capitaine avec sévérité. Cependant, je n'aime pas ces mystères, surtout lorsqu'ils menacent la vie de mes chevaliers.

– Et de mes frères, rappela l'abbé.

Il éteignit les lampes, prit la torche. Les voix étranges s'étaient tues, laissant place à un silence funèbre, seulement troublé par le grincement de la porte.

Ils remontèrent l'un derrière l'autre sans échanger une parole. Malgré leur sympathie, Richard et Louis semblaient devenus soudain des étrangers. Quels que soient son identité et son but, l'assassin avait lieu de se réjouir : il avait divisé une communauté unie jusqu'à présent contre le péril commun.

D'étage en étage les salles de l'abbaye se succédaient avec une ressemblance : elles étaient vides : Belle-Chaise, la salle des Hôtes, le scriptorium lui-même. Tous les frères et les novices étaient rassemblés sur le parvis de l'abbatiale. Au milieu du groupe, Louis reconnut Aubain, libéré la veille. L'enlumineur le fixait avec une intensité étonnante. Aucun reproche dans son regard pour son emprisonnement injuste, mais une interrogation muette. Soudain, il fit mine de sortir du groupe pour le rejoindre. Louis pensa qu'il voulait lui dire quelque chose. Aubain dut se raviser, car il se fondit aussitôt parmi les robes noires de ses frères. Le capitaine le chercha des yeux, puis l'oublia. L'office des morts commençait.

7

La tempête avait soufflé pendant quarante heures, justifiant le surnom de l'île : « Au péril de la mer ». Louis d'Estouteville contemplait la baie, parsemée d'arbres morts et de carcasses de barques, squelettes prisonniers des sables. Depuis le meurtre de Gilles, son attention, concentrée sur le labyrinthe de la cité et les mystères de l'abbaye, s'était détournée du rivage où rôdaient les Anglais. Le beau temps revenu, il guettait Tombelaine. L'ennemi était là, invisible mais tenace, prêt à exploiter sa faiblesse, cette mort qui frappait comme une épidémie à l'intérieur du sanctuaire depuis si longtemps inviolé.

Trois jours s'étaient écoulés depuis la disparition d'Yvon. On avait enterré Michel Carrouges, et le jeune chevalier demeurait introuvable. Les deux hommes avaient des révélations à lui faire, leur disparition n'était pas fortuite : on avait voulu les empêcher de parler. Il fit un geste de conjuration : Yvon vivait encore, il le sentait, il s'accrochait de toutes ses forces à cette certitude. Le ciel semblait lui donner raison. De courtes flambées de soleil entre des nuages ronds et immaculés.

Pour la troisième fois depuis l'aube, il inspecta le chemin de ronde. Près de la tour Béatrix, on avait découvert une tache rouge sur le mur, peut-être à l'endroit où Michel avait été attaqué et jeté à la mer. La marque grossière en forme de croix avait résisté au déluge. Louis se penchait sur elle quand un chevalier picard, Jonas, l'accosta.

– Seigneur, j'ignore si le fait est important : j'ai vu Yvon entrer dans l'auberge de l'Archange.

– Quand ? Quand l'as-tu vu ? demanda le capitaine sans dissimuler son impatience.

– Le jour de sa disparition, je crois bien.

– Tu crois ! Pourquoi ne pas l'avoir dit plus tôt ?

Jonas porta la main à son front.

– Cela m'était sorti de l'esprit.

– C'était un matin ou un soir ?

– Le matin, je crois.

Louis crispa les poings. Jonas était lent, un peu borné, mais sa fidélité méritait l'indulgence, et, dans le brouillard où ils erraient, la clarté la plus ténue était la bienvenue. Sans ajouter un mot, il dévala l'échelle de bois, sortit de la tour et descendit la grande rue jusqu'à l'auberge.

Desgrées était là, son corps lourd sanglé dans un tablier taché de sang. Atlas débarrassait les déchets de viande éparpillés sur une table. Après un bref salut, le capitaine apostropha l'aubergiste :

– L'un de mes hommes a disparu, Yvon, un jeune chevalier. La dernière fois qu'on l'a vu, c'était ici.

Desgrées essuya ses mains sanglantes à son tablier et haussa les épaules.

– C'est bien possible.

– Sais-tu ce qu'il est devenu ?

L'aubergiste émit un sifflement qui ressemblait à un ricanement étouffé.

– Comment le saurais-je ?

– On ne disparaît pas ainsi.

– Il faut croire que si !

Louis se raidit. Il n'aimait pas l'insolence soudaine de cet être vulgaire. Cependant, il s'exhorta à la patience.

– Mes gens sont de hardis compagnons. Cette cité a besoin d'eux. Toi-même tu leur dois peut-être la vie et l'existence de ce que tu possèdes. Je dois veiller sur eux comme ils veillent sur vous.

– Vous êtes peut-être leur père, mais je ne suis pas leur maman, plaisanta Desgrées.

Cette fois, Louis ne put se retenir. Tirant son épée, il gronda :

– Je ne sais ce qui me retient de t'envoyer explorer la vase où l'on a retrouvé mon officier !

Desgrées leva ses mains sanglantes en signe d'apaisement.

– Je ne voulais pas vous offenser, messire. Ce jeune chevalier est peut-être venu comme tant d'autres boire une coupe de vin et se réchauffer au coin du feu, en effet. Je les reçois tous de grand cœur, souvent sans exiger le moindre sol. Dois-je leur interdire l'entrée ?

Malgré l'ironie du discours et la répugnance que lui inspirait le personnage, Louis jugea que la violence ne résoudrait rien. Il remit son épée au fourreau et dit, conciliant :

– Ce n'est pas ce que je te demande. Tu as prétendu savoir tout ce qui se passe dans la cité. Alors, aide-moi à le retrouver.

– Je le ferai de grand cœur, répondit l'aubergiste avec un empressement suspect.

Le capitaine hocha la tête et ajouta :

– Maintenant, dis-moi, que sais-tu d'une certaine couleur rouge qui marquait les victimes : le moine et l'officier ?

La question eut l'air de surprendre Desgrées.

– Une couleur rouge ? Du sang ?

Il regarda instinctivement ses mains souillées.

– De la teinture, une poudre rare.

Desgrées allait répondre quand Héloïse entra dans la salle. Fasciné, le capitaine perdit le fil de ses pensées. La jeune fille portait une robe rouge. Ses cheveux étaient attachés par un ruban de même couleur. Au lieu de passer son chemin et de disparaître, comme elle en avait l'habitude, elle s'immobilisa et fixa Louis avec attention. Il lui sembla qu'elle rougissait, à moins que la couleur de ses joues ne fût un reflet du velours.

– Eh bien ? gronda l'aubergiste, contrarié par l'intrusion de sa fille.

– J'ai entendu votre conversation, murmura-t-elle, confuse.

Elle s'empourpra, cette fois sans équivoque, et l'émotion la rendit plus troublante.

– Que veux-tu ?

Le ton de l'aubergiste était carrément hargneux.

– J'ai vu votre chevalier, seigneur, celui que vous nommez Yvon.

– Où cela ? demanda Louis.

Elle s'avança avant de répondre et il remarqua qu'elle évoluait avec grâce. Tout en elle était raffiné, le visage, le corps, les manières, à l'exception de ses doigts rougis et écorchés, sans doute abîmés par les travaux.

– Près de la grande citerne.

Elle pointa le doigt dans la direction indiquée.

– Il attendait quelqu'un… enfin il donnait cette impression.

– Comment le sais-tu ? demanda l'aubergiste, soupçonneux. Je t'ai interdit de sortir.

Elle désigna le plafond.

– Je l'ai aperçu depuis la fenêtre de ma chambre.

Desgrées leva sa main rouge d'un geste menaçant.

– La fenêtre ! Tu n'as pas autre chose à faire ?

– C'était quand ? le coupa Louis. Essaie de te rappeler.

Elle ferma les yeux, comme si elle faisait un effort pour se concentrer.

– Il y a deux ou trois jours… Trois, oui, je m'en souviens.

– Le soir ?

– Non, le matin, seigneur. Le soleil se levait à peine.

« Le matin de sa disparition ! » calcula le capitaine.

– Tu as vu quelqu'un d'autre ou remarqué quelque chose ?

– Non, tout était désert à cette heure… Si, pourtant, la cloche. J'ai entendu la cloche de l'abbaye. Il a levé la tête et il a souri : on aurait dit un signal.

Desgrées se frappa le front.

– Sotte ! C'était prime qui sonnait, tout simplement. Voilà ton signal !

– Sans doute, concéda Héloïse, vaincue par le regard sévère de son père.

Le capitaine aurait voulu la retenir plus longtemps, mais après une courte révérence elle se retira. Il admira une nouvelle fois le doux balancement de ses hanches et les boucles dorées de son cou, de part et d'autre de sa lourde tresse. Desgrées s'empressa de le ramener à la réalité, comme pour le détourner de l'objet de son admiration.

– Un homme pourrait vous renseigner.

Le capitaine lui accorda un coup d'œil distrait.

– Me renseigner ?

– Au sujet de la teinture… Frère Richard. Il est alchimiste, à ce qu'on prétend.

Derrière leurs gros sourcils, les yeux de Desgrées le guettaient.

– L'abbé, dit Louis, pensif.

Au même instant, deux hommes d'armes firent irruption dans l'auberge. Le plus âgé était le Saxon.

– Seigneur, venez vite ! lança l'officier.

Lui, d'ordinaire flegmatique, manifestait une nervosité inhabituelle.

– Qu'y a-t-il ? demanda le capitaine.

Le Saxon considéra l'aubergiste d'un air méfiant.

– Vous jugerez vous-même.

Louis acquiesça et gagna la porte. Avant de la franchir, il murmura :

– Un nouveau malheur ?

– Nouveau, pour sûr, grommela l'officier.

Ils remontèrent la rue, franchirent le châtelet, traversèrent la salle des gardes, le réfectoire, le dortoir des moines. Le capitaine se retenait de questionner ses hommes, mais il savait déjà qu'il allait vers une nouvelle défaite, et il maudissait Yvon pour son imprudence.

Ils débouchèrent sur le cloître de l'abbaye. Là, le capitaine ne vit d'abord que les arbres du jardin intérieur. Puis il s'immobilisa, médusé par le spectacle offert à sa vue : entre deux colonnettes, un homme, attaché aux poignets et aux chevilles, était écartelé. Des traits d'acier, plantés dans diverses parties de son corps, illustraient de manière macabre le martyre de saint Sébastien. La victime n'était pas Yvon, comme Louis l'avait redouté, mais Aubain, l'enlumineur.

8

Louis d'Estouteville promena son regard sévère sur l'assemblée avant de prendre la parole. Les moines étaient tous là, sans exception, ainsi que les novices et les serviteurs de l'abbaye. Ils avaient traversé la crypte en silence avant de gagner la salle de Belle-Chaise. Ils étaient réunis sur son ordre. Richard de Mantoue lui-même se tenait parmi ses frères, comme un moine ordinaire. Par humilité ou par prudence.

– Le cloître est voisin du dortoir, commença le capitaine d'une voix volontairement paisible. Il est impensable que pas un seul d'entre vous n'ait entendu crier Aubain, votre frère martyrisé.

Il s'interrompit afin de vérifier sur les visages l'effet de ses paroles et dans les yeux des signes de culpabilité. Certains baissèrent la tête. Ceux qui soutenaient son regard semblaient en proie à une émotion sincère. Aucun n'était indifférent. La méfiance dont il faisait l'objet quelques jours auparavant avait disparu. Sur leurs visages, il décelait la peur, le chagrin, le désarroi, la résignation, jamais le dédain. Cependant, cette passivité lui semblait insupportable. Il aurait voulu des moines guerriers, il en existait encore en Espagne ou en Germanie.

– Imaginez ce qu'il a souffert, reprit-il. J'ai compté six carreaux d'arbalète plantés dans sa chair, pas un seul dans une partie vitale. Savez-vous ce que cela signifie ? L'assassin a pris soin d'éviter le cœur et la tête afin de prolonger son supplice. Aubain a dû se débattre, hurler, supplier. Mais vous dormiez, vous n'avez rien entendu, n'est-ce pas ?

Aucun ne broncha. Pas un son, pas un geste. Ils restaient immobiles, cloués par le désespoir ou l'horreur, peut-être. Ulcéré, le capitaine marcha de long en large devant le premier rang de l'assemblée pour reprendre son calme. Oubliant qu'ils étaient des hommes de Dieu, il avait envie de bousculer les moines, de les cingler à coups de plat de lame pour obtenir une réaction.

– Savez-vous ce que je pense ? Vous êtes tous complices de ces supplices, les uns par leurs actes, les autres par leur silence, reprit-il d'une voix sourde. Mais ce n'est pas à moi de vous juger, Dieu le fera. Si je n'arrête pas l'assassin, d'autres vont mourir, certains d'entre vous.

Il remarqua un jeune moine, les joues mouillées de larmes. Écartant les autres, il s'approcha de lui et prit un ton conciliant.

– La mort a eu lieu la nuit, plutôt vers le matin, puisque Aubain assistait aux matines, c'est ce que vous m'avez affirmé. Toi, où étais-tu pendant ce temps ?

– Je dormais, répondit le moine d'une voix morne.

– Comment t'appelles-tu ?

– Pierre, seigneur capitaine.

– Eh bien, Pierre, tu dois avoir le sommeil lourd pour ne pas entendre les hurlements d'agonie de ton frère.

– Au contraire, j'ai le sommeil fort léger, messire, protesta le moine. S'il avait crié, je l'aurais entendu, j'aurais voulu l'entendre, ajouta-t-il d'un ton véhément. Je l'aurais secouru !

Le capitaine plongea dans ses yeux larmoyants. Il y décela la franchise et une nuance de reproche. Après des jours et des jours de recherches, il était toujours au même point. Il caressa sa cicatrice, comme chaque fois qu'il échouait à imposer sa volonté. Des gens disparaissaient, mouraient à son insu, et il restait environné de mystères, désarmé, impuissant face à une communauté de sourds et d'aveugles.

– Je ne laisserai pas l'ennemi prendre l'île, massacrer ses habitants et détruire notre sanctuaire ! lança-t-il avec une telle force que sa voix résonna sous la voûte.

Cette fois, il provoqua une réaction. La foule s'agita. Des frères murmuraient, puis une voix se fit entendre :

– Que devons-nous faire, seigneur capitaine ?

Louis repéra le froc noir. Le moine était vieux, avec des cheveux gris, un visage émacié, l'œil droit recouvert d'une taie, et des mains déformées par des rhumatismes qui lui interdisaient de travailler au scriptorium.

– Frère Augustin, l'adjura-t-il. Si vous connaissez un détail capable de m'éclairer, une attitude suspecte, un phénomène anormal, une parole, une confidence, une confession, je vous adjure de parler.

Il avait utilisé à dessein le mot de confession. Augustin balaya l'assistance de son œil valide comme pour chercher de l'aide.

– J'ai eu l'impression qu'Aubain voulait me parler, poursuivit le capitaine. C'était le jour des funérailles de Michel Carrouges, mon officier. Nombre d'entre vous se souviennent de Michel, un chevalier courageux et un homme pieux. Vous étiez tous présents, ce jour-là. Aubain s'est ravisé. Il n'a pas osé me dire ce qui le tourmentait, mais peut-être s'est-il confié à certains d'entre vous.

Les regards s'interrogeaient, se détournaient. « Parlez ! Mais parlez donc ! » avait envie de hurler le capitaine. Il saisit la main d'Augustin quand Richard de Mantoue intervint de façon inattendue.

– Je dois vous entretenir en tête à tête, messire.

Le ton de l'abbé était solennel et empreint d'autorité. Louis eut l'impression désagréable que Richard empêchait ses frères de révéler ce qu'il voulait entendre. Le manège réussit : les moines s'empressèrent de quitter le tribunal. Quand il ne resta plus que l'abbé, celui-ci fit signe au capitaine de le suivre. Ils gagnèrent la crypte.

Après la lumière de la salle de Belle-Chaise, la pièce, éclairée par une torche fumeuse et écrasée entre d'énormes piliers, évoquait un tombeau.

Une ouverture donnait sur le grand degré intérieur. Au lieu de gagner celle-ci, Richard s'arrêta et fit face au capitaine. Louis vit dans sa main un parchemin qu'il n'avait pas remarqué. L'abbé l'agita.

– Je veux d'abord vous montrer cette image.

Il se plaça sous la torche et déroula le parchemin. Le capitaine découvrit un dessin représentant le martyre de saint Sébastien.

– J'avais cette scène en mémoire, commenta l'abbé. Je n'ai pas eu à la chercher bien longtemps. On aurait dit qu'Aubain avait gardé le parchemin tout exprès au lieu de le remettre aux copistes et aux relieurs.

– C'est lui qui l'a dessiné ?

– Il y a six mois, sept peut-être, pour illustrer le livre de la vie des saints.

– Elle a donc un rapport direct avec son supplice.

– Sans doute. Ce qui m'a frappé, c'est l'emplacement des blessures. Ce sont les mêmes.

– L'assassin imiterait ces enluminures ? murmura le capitaine, pensif. Judas, Sébastien… Dans ce cas, le coupable pourrait être l'un de vos frères, un homme informé de vos travaux, familier des Évangiles et de l'Histoire sainte.

L'abbé secoua la tête pour se débarrasser des soupçons qui le hantaient.

– Il ne s'agit peut-être que d'une coïncidence.

– Ces similitudes n'expliquent pas comment on a pu torturer un homme à quelques mètres de la pièce où quarante autres étaient endormis.

– À moins qu'on n'ait tué Aubain ailleurs, avant de le transporter dans le cloître et de composer cette scène macabre.

– Qu'est-ce qui vous suggère cette hypothèse ? demanda Louis, sceptique.

– Vous avez examiné les lieux comme moi. Il n'y avait pratiquement pas traces de sang.

– Il avait plu pendant la nuit. L'orage aura tout nettoyé.

– Sauf la marque pourpre sur sa robe.

– La signature du meurtrier !

– Ce n'est pas tout, ajouta l'abbé.

Il examina la porte extérieure, puis celle du tribunal et baissa la voix comme s'il craignait d'être entendu.

– Dites ! s'impatienta Louis.

– Aubain a été drogué.

– Drogué ?

– J'ai noté des traces brunes sur ses lèvres. Gilles portait les mêmes, mais je n'y avais pas prêté attention. Ce matin, j'ai analysé ce résidu : c'est de l'opium, une substance qui endort et provoque des hallucinations.

– Je connais les effets de l'opium, dit le capitaine, de plus en plus incrédule. Cette drogue ne pousse pas dans la campagne normande, encore moins sur une île assiégée. Vous êtes sûr de ne pas vous tromper ?

– Il s'agit bien d'opium. J'ai étudié jadis les propriétés de cette plante et expérimenté ses vertus médicinales.

Le capitaine regarda l'abbé enrouler son parchemin avec soin. Cette histoire ne tenait pas debout. Depuis le début, les événements se précipitaient avec la même démesure, la même folie.

– En partant du principe qu'on a exécuté Aubain loin d'ici, pourquoi le droguer ?

– Le meurtrier voulait le tenir à sa merci, prendre son temps.

– Qui peut détenir de l'opium ?

– Tout le monde et personne. Moi, pourquoi pas ? Vous me soupçonnez !

– C'est vrai, admit Louis. On vous a dérobé de la pourpre. Pourquoi pas de l'opium ?

– Parce que je n'en ai jamais eu.

Il s'empressa d'ajouter :

– Le plus important est de découvrir où a eu lieu le crime. Nous n'avons qu'une certitude : ce n'était pas dans le cloître.

Malgré sa volonté de le contredire, le capitaine fut obligé de se rendre à ses arguments. Il grogna :

– Inutile d'essayer : on ne trouvera rien.

– Ce n'est pas certain, répliqua l'abbé. Un pèlerin a remarqué des flots de sang dans la cour de l'auberge.

Louis haussa les épaules.

– Chez Desgrées ? Il débite lui-même ses moutons.

– Quoi de mieux que le sang pour dissimuler le sang ?

Le capitaine faillit contester la remarque judicieuse de son interlocuteur quand un détail lui revint en mémoire.

– Les traits… murmura-t-il.

– De quoi parlez-vous ?

– Les carreaux… Ils ne venaient pas d'une arbalète. Si ç'avait été le cas, ils auraient été enfoncés plus profondément.

– Vous voulez dire qu'on les a plantés d'une autre manière ? s'exclama l'abbé.

La voix du capitaine s'éleva d'un cran.

– On l'a poignardé six fois, peut-être après sa mort. Je l'espère pour lui.

– Pour quelle raison ?

Louis se frotta le crâne avec fureur.

– Il n'y a pas une once de raison dans ces morts successives. C'est une œuvre diabolique, du moins c'est ce qu'on veut nous faire croire !

L'abbé se signa.

– Le diable, ou les diables !

Le capitaine soupira avec une fausse lassitude.

– C'est le nom qui leur convient.

9

L'auberge, d'ordinaire chaude et odorante, était froide ; la cheminée éteinte ; une chandelle faisait trembler l'ombre d'une statue sur le mur de torchis. Cette statue de bois peint représentant l'archange saint Michel servait jadis d'enseigne à l'établissement. Arrachée par la tempête, elle avait perdu une aile dans sa chute. Desgrées l'avait réparée et pieusement conservée dans la salle d'hôtes.

– Holà, quelqu'un ! cria le capitaine.

Il entendit le sifflement du vent. À l'étage, une fenêtre battait. Il s'avançait dans la pénombre quand la maison s'anima. Une lumière éclaira l'escalier. Les marches craquèrent. Le corps pesant de l'aubergiste parut. Sa main tenait un chandelier.

– Que se passe-t-il ici ? tonna le capitaine. Le bouge est à l'abandon ?

– Ça, oui, on peut le dire ! grommela Desgrées. Il leva son chandelier à trois branches et découvrit une masse recroquevillée sur le sol, que Louis prit d'abord pour une énorme bête. L'aubergiste lui décocha un coup de pied, et l'animal remua. Louis reconnut alors Tristan, le serviteur géant, vautré derrière une table, dans l'angle de la salle.

– Fainéant ! cria Desgrées.

Il prit le visiteur à témoin.

– Son lapin est mort. Depuis, la brute dort ou pleurniche. L'âtre est éteint, les bûches restent exposées à la pluie, la cour est boueuse. Ce lapin, bon débarras ! Je le servirai ce soir à mes hôtes !

– Non !

Le rugissement fit résonner la maison. Le colosse se dressa, menaçant. Sa tête touchait les poutres. Entre ses mains, Louis aperçut une petite boule de poils roux.

– C'est bien, va l'enterrer, concéda l'aubergiste. Récite même une prière pour le repos de son âme. Ensuite, va réparer le toit comme je te l'ai ordonné.

Tristan, soudain dompté, courba la tête et se dirigea vers l'arrière-salle en gémissant.

– Maudit animal ! pesta l'aubergiste.

On se demandait s'il parlait du serviteur ou du lapin. Louis allait aborder l'objet de sa visite quand Atlas parut à son tour.

– Te voilà ! s'emporta Desgrées. Ne te presse pas, surtout.

Le serviteur s'activa aussitôt dans la cheminée. Il déplaça la crémaillère, balaya les cendres, disposa les bûches. Pendant ce temps, Desgrées invita son visiteur à s'asseoir. Louis constata avec surprise que les vêtements de l'aubergiste et de son valet étaient mouillés alors qu'il ne pleuvait pas. Au moment où il allait le questionner à ce sujet, Desgrées le devança.

– Vous n'êtes pas venu dormir dans votre nid depuis six jours, capitaine, et vous avez bien fait : la tempête a bousculé les tuiles. Il pleut dans le grenier, votre lit est trempé. Tristan devait réparer le toit, mais son lapin était à l'article de la mort, alors nous pouvions bien finir noyés !

Louis hocha la tête en souriant. Desgrées, lui, se renfrogna davantage. Il se pencha en avant et murmura d'un ton mystérieux :

– J'ai enquêté, comme vous me l'avez demandé.

– À propos d'Yvon ?

L'arrivée d'Héloïse différa la réponse. La jeune fille portait un pichet et deux gobelets d'étain. Elle les déposa sur la table sans leur accorder un regard. Louis, étonné, remarqua que sa main tremblait. Son visage était pâle et ses yeux étaient battus comme si elle avait pleuré.

– Va chercher Henriet, ordonna l'aubergiste.

Elle le dévisagea, hésitante, comme si elle ne comprenait pas ses paroles.

– Henriet ! répéta-t-il, furieux.

Le regard de la fille effleura celui du capitaine, puis elle s'empressa d'obéir. Ses cheveux, si bien peignés d'ordinaire, étaient négligés.

– J'ai le renseignement qu'il vous faut, annonça Desgrées.

Sous la broussaille de ses sourcils, ses yeux luisaient de malice tandis qu'il versait du vin dans leurs gobelets. Dans la cheminée, les flammes jaillirent. L'auberge endormie parut soudain se réveiller.

– Parfois, les loups se glissent parmi les chiens pour dévorer les moutons, poursuivit Desgrées avec un rire silencieux. Le voici justement, pas le loup, le chien qui l'a flairé.

Un homme apparut dans l'escalier. Louis vit d'abord de grands pieds chaussés de brodequins, puis le bas d'une robe de bure, enfin un gros homme au teint fleuri qu'il reconnut pour l'avoir accueilli sur l'île, quelques semaines auparavant. Derrière lui, Héloïse fit une courte apparition avant de s'esquiver.

Henriet était un avocat de Rouen, accusé d'inceste et condamné par l'Église à effectuer trois pèlerinages pour son salut. Il s'avança vers leur table d'un pas hésitant.

– Tu connais le seigneur d'Estouteville, dit Desgrées.

L'avocat inclina la tête avec empressement.

– Répète-lui ce que tu m'as raconté.

Le regard d'Henriet était lourd d'appréhension. Il se tourna de tous les côtés pour se convaincre que son récit n'aurait pas de témoin. Son crâne rasé et sa couronne de cheveux blonds lui donnaient l'air d'un moine. Il s'assit, le visage entre les mains comme s'il ne voulait pas voir ce qu'il allait évoquer.

– Je l'ai bien reconnu, commença-t-il d'une voix étouffée. Ses cheveux et sa barbe ont poussé. Il a pris des manières, il semble plus humble, mais c'est lui, Josserand, le monstre d'Ardilly. Josserand le Rouge.

– De qui parles-tu ? demanda le capitaine.

– De l'homme qui se fait appeler Kermadec, précisa Henriet.

– Un pèlerin, enchaîna Desgrées. Il loge à l'hôtellerie de l'abbaye et joue les saints hommes et les misérables alors qu'il n'hésite pas à torturer et à tuer d'une manière effroyable.

Il échangea un regard d'intelligence avec l'avocat. Henriet fit le geste de se signer. Sa main s'immobilisa sur son front.

Kermadec ! Le capitaine se souvint d'un solide gaillard qu'il avait accueilli avec d'autres pèlerins. Un pêcheur de l'océan, selon ses dires. Il en avait l'allure et l'odeur. Un personnage effacé et silencieux aux allures de pénitent.

– Il se cache, chuchota Henriet. C'est un meurtrier, un monstre, condamné à être roué par le tribunal de Rouen. Il a forcé, pillé et incendié le château d'Ardilly. Le comte et son épouse ont péri dans les flammes. Il voulait faire croire que les Anglais étaient responsables de leur mort. Ce sont eux qui l'ont confondu.

– D'où sais-tu cela ? demanda le capitaine.

Henriet s'épongea le front d'une main tremblante. Maintenant, le feu qui ronflait dans la cheminée chauffait la pièce à l'excès.

– J'ai assisté à son procès, à Rouen, pas comme avocat, mais au titre de témoin de l'accusation. Il a massacré nos voisins d'Hertanes, toute une famille, même les enfants, et d'horrible manière. C'est un boucher, un forcené. Quand on les a arrêtés, lui et ses complices, il a fallu quinze hommes pour les maîtriser. Les autres sont morts. L'Archiprêtre, lui, a survécu. On l'appelle ainsi parce qu'il connaît les prières et la liturgie. Certains prétendent qu'il a célébré la messe… La messe noire, oui !

Comme il s'étranglait, Desgrées remplit un gobelet de vin et le lui offrit pour l'inciter à poursuivre.

– Il a avoué ses crimes, plusieurs dizaines, des viols, des tortures… l'enfer. L'homme est très dangereux, méfiez-vous. Il n'hésitera pas… S'il apprend que je vous ai parlé…

Il avala son gobelet d'un trait.

– Tu n'as rien à craindre, assura le capitaine. Dis-moi, tu dois savoir que trois hommes sont morts assassinés sur l'île, quatre, peut-être. Tu crois Kermadec coupable de ces assassinats ?

L'avocat hocha la tête.

– J'ignore s'il a commis les actes dont vous parlez. Tout ce que je peux affirmer, c'est qu'il en est capable, et de bien d'autres abominations. Interrogez-le.

Comme le capitaine acquiesçait, il supplia de nouveau :

– Ne lui dites pas que je l'ai dénoncé !

– Tu crois qu'il t'a reconnu ?

– Je ne sais pas, balbutia l'avocat.

Une lueur moqueuse s'alluma dans les yeux de l'aubergiste.

– Le pauvre homme n'ose plus se rendre au sanctuaire. Drôle de pèlerin !

– Pas un mot de cette conversation à quiconque, recommanda le capitaine en se levant.

Il allait quitter l'auberge quand Héloïse sortit de l'arrière-salle qui servait de cuisine. Elle évoluait aussi douce et silencieuse qu'une chatte. Il ne l'avait pas entendue descendre l'escalier. Il remarqua qu'elle avait changé de robe et s'était recoiffée. Ses cheveux blonds tressés semblaient trop lourds pour son cou gracile. Elle avait repris des couleurs. Le sourire discret qu'elle lui adressa lui fit battre le cœur. Quelques minutes auparavant elle semblait triste et malade, et soudain elle était d'une fraîcheur délicieuse. « Changeante comme le ciel », songea-t-il.

10

Ils cernèrent Kermadec sur l'esplanade des Corbins. Pour ne prendre aucun risque, le capitaine s'était fait accompagner de trois chevaliers et de trois arbalétriers. Cependant, il ne voulait pas provoquer la mort du bandit avant d'avoir recueilli ses aveux.

– N'essaie pas de résister, lui conseilla le Saxon.

L'homme regarda d'un air hébété le capitaine, l'officier, puis les soldats. C'était un grand diable barbu, vêtu d'une robe brune et chaussé de sandales de corde, aux allures d'ermite. Il se laissa lier les mains derrière le dos sans opposer de résistance, puis il accompagna la troupe jusqu'à la tour du Nord. Là, le capitaine le fit asseoir sur un tabouret sans lui détacher les poignets par prudence. Lui resta debout et observa son prisonnier.

Le bandit était robuste, doué sans doute d'une force hors du commun. Même au repos on voyait saillir les muscles de ses bras et de ses épaules sous la bure.

– C'est à cause de ma confession ? demanda-t-il d'un ton humble et résigné, avec un fort accent breton.

– Nous savons qui tu es, dit Louis.

– Un misérable pêcheur, soupira le pèlerin en inclinant la tête sous le poids du remords. Un pirate, rectifia-t-il, un pillard lassé de trop de tueries. Pour mettre fin à nos crimes, j'ai brûlé notre navire. Un compagnon est mort dans les flammes. C'était involontaire, il faut me croire, mais je n'en suis pas moins coupable selon mon confesseur. Je dois expier mes péchés.

Le capitaine le laissa parler. Il s'exprimait bien. Sans le témoignage de l'avocat, il aurait été dupe de son récit comme il l'avait été à son arrivée sur l'île. Puis, à force de se bercer de mots, le regard du brigand le trahit : une lueur froide qui démentait sa contrition.

Coupable d'atrocités, certes, il devait l'être, ses yeux le dénonçaient, mais cette certitude ne suffisait pas à ceux qui l'écoutaient. Ils se demandaient tous comment il avait pu accomplir à lui seul les trois meurtres qui venaient d'endeuiller la cité.

– Tu ne t'appelles pas Kermadec, déclara le capitaine avec douceur. Ton nom est Josserand, Josserand le Rouge, ou encore l'Archiprêtre. Tu as incendié, c'est exact, mais ce n'était pas un navire, c'était le château d'Ardilly. Et celui qui a péri dans l'incendie avec toute sa famille était le seigneur qui s'était montré généreux avec toi. De plus, tu n'as jamais été pêcheur, tu étais bedeau avant de devenir brigand.

L'homme lui lança un regard effaré.

– Vous me prenez pour un autre, seigneur. Je n'ai jamais causé de mal à quiconque, sinon sans le vouloir.

– Le tribunal de Rouen t'a condamné, poursuivit Louis, implacable. Tu aurais dû être roué vif si tu n'avais pas réussi à t'évader. La guerre a des bontés pour les diables de ton espèce. Une fois libre, tu t'es mêlé aux pèlerins. Je dois te reconnaître une qualité : tu es malin. Tu as réussi à me duper, le mois dernier. Pourtant, j'en ai démasqué, des coquins de ton espèce qui prétendaient racheter leurs péchés avec la bénédiction de saint Michel pour échapper à leur sort !

– Je dis la vérité ! s'écria l'homme d'une voix vibrante. Je suis ici pour expier mes fautes. Interrogez les frères, ils vous diront que je suis bon chrétien !

– Certes, tu connais la messe et les oraisons. Je gage même que tu peux chanter les psaumes et les complies. Il paraît que tu bénissais tes victimes avant de les torturer.

– Mensonges ! hurla le prisonnier.

– Mensonges, oui, ironisa le Saxon qui assistait à l'interrogatoire. Il est temps de te confesser.

– Ce que nous voulons savoir, enchaîna le capitaine, c'est comment tu as assassiné Gilles, Aubain, Michel et Yvon, deux moines et deux chevaliers, et pourquoi tu l'as fait.

– Je ne connais pas ces gens, grommela Josserand dans sa barbe. Ce sont des fables !

– Tu ne t'en souviens plus, dit l'officier en l'empoignant par les cheveux, mais nous avons des moyens infaillibles pour te permettre de retrouver la mémoire.

– Je ne peux pas dire ce que je ne sais point, protesta le brigand d'un ton hargneux.

– Tu vas donc souffrir, décréta le capitaine. L'épreuve sera douce, comparée à celles que tu as infligées à tes victimes. Mais tout homme, même le scélérat le plus endurci, a ses faiblesses. Je connais les tiennes, Josserand. Elles vont prouver que tu n'as jamais été marin contrairement à ce que tu prétends.

Josserand lui lança un regard farouche, comme s'il essayait de deviner le sort qu'il lui réservait.

– Je ne suis pas le premier, ici, à te démasquer, reprit Louis. Gilles, Aubain, Michel et peut-être Yvon l'ont fait avant moi. Ils allaient te dénoncer. Je crois que tu les as tués pour les réduire au silence.

Josserand esquissa une grimace qui pouvait passer pour un sourire.

– Je ne connais pas ces gens, répéta-t-il.

– Nous allons bien voir, dit Jean Setier en empoignant le prisonnier.

Il interrogea le capitaine du regard. Celui-ci inclina la tête en signe d'approbation. Josserand, témoin de leur dialogue muet, parut comprendre ce qui l'attendait. Il se dressa brusquement, renversa le Saxon d'un coup d'épaule et se rua vers la porte. Il franchissait le seuil quand il se heurta à un groupe de chevaliers en faction. Il fallut quatre hommes pour le maîtriser bien qu'il eût les mains attachées dans le dos. Ses muscles se contractaient si fort que les liens lui entraient dans la chair et que le sang coulait sur ses poignets.

Quand les soldats l'eurent couché à terre et immobilisé, Jean Setier lui appuya le pied sur la gorge. À demi étranglé, Josserand éructait des malédictions.

– La marée est haute, annonça l'officier. Tu vas pouvoir retrouver la mer que tu as tant aimée.

Les soldats, prévenus, apportèrent un rouleau de chanvre. L'une des extrémités de la corde fut liée aux chevilles du prisonnier ; l'autre fixée au treuil installé sur le rempart. À son cou, ils sanglèrent un collier de cuir lesté d'un poids de fer. Puis ils empoignèrent Josserand et le suspendirent la tête en bas au-dessus de l'eau.

Quand il se vit dans cette situation, le prisonnier se mit à pousser des hurlements pareils à des cris de bête.

Le capitaine retint ses hommes et se pencha vers lui.

– Parle, il est encore temps.

– Puisque je vous répète que je ne connais point vos parents, gémit le misérable.

– Ce ne sont pas mes parents.

– Alors pourquoi vous acharner sur un innocent ?

– Parce que tu n'es pas innocent, répliqua le Saxon.

Il fit signe aux soldats d'actionner le treuil. Josserand le Rouge descendit lentement en oscillant au bout de sa corde. Fou de terreur, il bredouillait des prières mêlées à des imprécations.

Au contact de l'eau, il poussa un nouveau hurlement transformé en gargouillis lorsque son corps disparut sous l'eau.

– Attendez ! exigea l'officier.

Il compta jusqu'à trente avant d'ordonner :

– Hissez-le !

Le prisonnier émergea en toussant et en proférant des menaces. Le capitaine se pencha une nouvelle fois vers lui. Selon l'avocat, le monstre éprouvait une peur panique de l'eau. Pour obtenir ses aveux, le bourreau de Rouen avait usé d'un entonnoir et d'un tonneau d'eau salée mêlée à du vinaigre. Le coupable avait craqué dès la deuxième giclée.

– Es-tu décidé ? cria le capitaine.

Pour toute réponse, il reçut une bordée d'injures.

– Plongez ! commanda le Saxon.

Le bandit disparut sous l'eau. Cette fois, l'officier attendit jusqu'à cinquante avant d'ordonner de le remonter. Josserand vomit, toussa, s'étouffa, supplia.

– Attendez, c'est vrai, j'étais l'Archiprêtre. Dieu me commandait.

Il vomit encore et sembla incapable de reprendre sa respiration.

– Il s'étouffe, avertit un chevalier.

– Ces bêtes venimeuses ne crèvent pas aussi facilement, grogna l'officier. Noyez-le encore un coup pour voir.

Sentant l'eau lui effleurer le crâne, l'assassin se mit à beugler et à sangloter.

– Remontez-moi, je vous dirai tout !

Jean Setier ordonna aux hommes d'actionner le tourniquet. Josserand dégoulinant tournait et cognait le rempart en s'élevant. À mi-hauteur, le Saxon fit signe de stopper l'appareil.

– Parle ! exigea le capitaine.

L'Archiprêtre, vaincu, se mit à confesser ses crimes. Il avait massacré plus de trente personnes, des femmes, des enfants, dans des conditions horribles. Quand il eut terminé, il tremblait de peur et de froid.

– Tu as oublié des victimes ! cria le capitaine en agitant la corde.

– Lesquelles ? larmoya le misérable, j'ai tout dit, je le jure.

– Michel.

– Qui est Michel ?

– Mon officier.

– Je l'ai jeté à la mer.

– Après l'avoir étranglé.

– Je l'ai étranglé, répéta Josserand.

– Et frère Gilles ?

– Je l'ai criblé de flèches.

– Ça, c'était Aubain.

– Je ne sais plus, bredouilla le monstre.

– Tu l'as pendu.

– Oui, je l'ai pendu, au pied de l'abbaye, c'est vrai. Remontez-moi. Je parlerai encore. Tenez, les Anglais, les Ang…

Soudain, il se tut. Le capitaine eut beau le questionner, il ne récolta que le silence. Le bandit avait les yeux fermés, il ne respirait plus. Seule la corde était vivante.

– Pourquoi ne pas le laisser au fond de l'eau ? suggéra un chevalier.

– La mer est trop noble pour cette ordure, dit le Saxon. Ramenez-le.

Quand ils l'eurent remonté, puis étendu sur le chemin de ronde, ils constatèrent qu'il avait perdu connaissance, cependant son cœur battait encore.

– Un serpent ! grommela l'officier en le retournant d'un coup de botte. Il a craché son venin, mais il est prêt à mordre encore.

11

En arc de cercle devant le gibet, la foule retenait son souffle. Josserand le Rouge se taisait, lui aussi, après avoir vomi des torrents d'injures. On voyait son front baissé et sa bouche agitée de paroles muettes. En s'approchant, on aurait pu entendre un grognement sourd comme en émettent les chiens enragés. De temps en temps, un rictus découvrait ses dents gâtées. Il avait coupé sa barbe et troqué sa robe de bure contre une tunique courte qui révélait un corps entièrement tatoué de signes démoniaques. Il était fier d'étaler devant le public fasciné les preuves de ses abominations.

Louis d'Estouteville avait autorisé cette exhibition en échange de ses révélations. Il ne se contentait pas d'aveux, il avait besoin de certitudes, d'autant plus que le monstre, une fois démasqué, éprouvait de la volupté à s'accuser d'atrocités qu'il n'avait pas commises afin de noircir sa légende.

Après avoir fait le tri dans ses délires, le capitaine l'avait condamné à être pendu, malgré les protestations du Saxon qui trouvait le châtiment trop clément. Le capitaine avait d'abord douté de la culpabilité de l'Archiprêtre à l'égard des crimes commis sur l'île. Ses descriptions étaient vagues et ses motifs obscurs, même en tenant compte de la démence du personnage. Cependant, en fouillant sa besace, on avait découvert les preuves : une médaille sainte appartenant à Gilles, le chapelet d'Aubain, la dague de Michel, et dix trophées macabres, volés sans doute à d'autres victimes. Plus révélateurs encore : un pot empli de poudre de murex, ainsi qu'une boîte contenant deux boulettes d'opium. Dorénavant, le doute n'était plus permis.

Confronté à ces reliques, l'Archiprêtre avait commenté leur histoire avec des accents mystiques. Le plus souvent il s'exprimait avec distinction, citant la Bible et les textes sacrés. Parfois aussi, sans avertissement, il avait des accès de rage effrayants. Dans ces moments-là, malgré ses chaînes, il se jetait sur ses geôliers pour les mordre, au point qu'on avait dû le museler avec un bâillon de cuir.

Les moines de l'assistance s'écartèrent pour livrer passage à l'abbé. La veille de l'exécution, Josserand avait demandé à se confesser, c'était son droit. Toutefois on lui avait refusé la communion. Devant Richard de Mantoue, il s'agenouilla et appuya ses lèvres sur sa croix d'argent. Il ne marmonnait plus. De grosses larmes de repentir coulaient sur ses joues.

Les mains appuyées à son épée plantée en terre, Louis d'Estouteville dominait l'assistance. Ses chevaliers considéraient la scène avec réprobation. Dans leur esprit, la solennité ne convenait pas à la formalité d'expédier le monstre en enfer. Les pèlerins partageaient leur avis. La plupart considéraient le forcené avec répulsion. Ils l'avaient côtoyé durant un mois ; ils avaient prié à ses côtés, partagé son pain, bu dans le même gobelet. Ils se sentaient souillés. Le diable se mêlait ainsi aux enfants de Dieu pour leur enseigner le mal.

Henriet, qui l'avait dénoncé, cracha au pied de la potence. L'avocat ne redoutait plus le monstre, à présent.

Et il se vengeait de la peur qu'il lui avait inspirée. Desgrées arborait une mine tragique. Estienne, le forgeron, avait conservé son tablier de cuir et son marteau pour assister au spectacle. Tristan, assis par terre, le dos appuyé au mur de l'auberge, contemplait les moineaux nichés dans la toiture voisine. Un chaton, lové dans sa main, les regardait aussi. Héloïse se tenait à côté du valet, les bras serrés autour du corps, comme un animal apeuré. Les autres, des pèlerins pour la plupart, priaient avec les moines. Que demandaient-ils à Dieu ?

Un vol de corbeaux franchit les remparts avec des cris de damnés. Ils tournèrent trois fois autour de la tour des Pêcheurs avant de s'aligner sur le mur des fanils.

Après avoir béni celui qui allait mourir, l'abbé s'était retiré. Josserand se releva. Les yeux levés sur la potence, il accepta le nœud coulant sans réagir. Le capitaine brandit son épée ; c'était le signal. Deux hommes tirèrent sur la corde pour hisser le condamné. Ses mains et ses pieds liés l'empêchaient de se débattre. Le corps agité de soubresauts, le visage congestionné, l'assassin luttait contre la mort. C'était un homme robuste, il résista longtemps avant de succomber. Les soldats attachèrent la corde à un anneau de la muraille.

Les prières des moines enflèrent, puis se turent. Le condamné était maintenant inerte, le col incliné, comme brisé. Le vent balançait doucement sa dépouille. Devant l'auberge, Héloïse avait disparu. Un sourire béat ouvert sur son masque grotesque, Tristan levait son chat vers le ciel pour lui apprendre à voler.

La foule se dispersait en silence. Seuls deux curieux tournaient encore autour du gibet. Le capitaine avait ordonné à ses hommes de dépendre aussitôt le condamné pour éviter la pestilence. Les marins l'emmèneraient et l'immergeraient au large, lesté de pierres.

Le châtiment accompli, Louis s'en désintéressa. Le temps était magnifique, un immense champ d'azur piqueté d'argent comme un blason. Un panache de fumée sortait de la cheminée de l'auberge. Le marteau d'Estienne tintait déjà dans la forge. L'île retrouvait sa sérénité.

En gagnant son logis, le capitaine, croisant l'abbé, lui trouva un air préoccupé. Même en temps de guerre, il était insupportable pour un homme de Dieu de décréter la mort d'un homme. Or, avant de condamner Josserand, Louis avait pris le conseil de l'abbé.

Au lieu de franchir la poterne, Richard fit un pas de côté pour lui barrer le passage et demanda d'une voix étranglée :

– Croyez-vous qu'on ait fait justice ?

– Justice ?

Le capitaine plissa le front, troublé et vaguement irrité par la réticence du moine.

– Nous avons puni un monstre, protégé nos gens, purifié l'île.

– Je sais cela, dit l'abbé, le visage agité d'un tic nerveux, je le sais. Cependant, cet homme, je l'ai observé pendant tout un mois. Sa foi avait l'air sincère.

– En somme, vous déplorez la perte d'une de vos brebis ? railla Louis.

Richard lui lança un regard de reproche.

– Ce n'est pas charitable de votre part de vous moquer de moi. Ma mission est de veiller sur les âmes.

– La mienne est de sauver l'abbaye !

L'abbé salua à la manière d'un gentilhomme plus qu'à celle d'un moine.

– Vous le faites fort bien, messire. Si cette exécution peut ramener la paix dans la cité, alors je vous bénis.

– La paix ? s'exclama le capitaine avec un mouvement d'humeur. Allons donc ! La guerre et ses horreurs n'auront pas de fin tant qu'un Anglais occupera un seul arpent du royaume.

L'abbé désigna l'île.

– Je parlais de notre paix intérieure.

– Vous avez l'air d'en douter.

Le moine parut se recueillir avant de confier à voix basse :

– J'ai confessé Josserand.

– Que vous a-t-il révélé ?

Devançant la protestation de l'abbé, Louis ajouta :

– Rassurez-moi : le bandit méritait bien son sort ?

Richard acquiesça.

– Selon la justice des hommes.

– Pas celle de Dieu ?

Comme le moine ignorait la question, Louis insista.

– Oubliez-vous que je vous ai consulté ? En outre, trois mois auparavant le misérable allait être roué vif. J'ai été plus indulgent que les juges de Rouen.

– Je ne vous reproche rien, s'empressa d'affirmer l'abbé.

– Vous ne me reprochez rien, mais vous semblez regretter ma sentence. La nuance est subtile.

– Tout l'accusait, cependant les preuves étaient presque trop évidentes, ne trouvez-vous pas ? Jusqu'au murex et à l'opium, pratiquement inconnus dans nos contrées. J'ai questionné le misérable. En dehors de vagues connaissances théologiques, il était ignorant.

– Il pouvait feindre !

– Dans quel but ?

– Semer le doute, il y réussit très bien apparemment.

– Mentir en confession après s'être accusé de crimes inexpiables ?

– L'opium, c'est troublant, je vous le concède. Mais on a découvert la clé de votre cave dans sa besace, cette clé que vous prétendiez avoir perdue !

– C'est vrai, admit l'abbé, déconcerté. Avec elle, il a pu s'introduire dans mon officine, au cœur de l'abbaye. Peut-être l'a-t-il fait, après tout. Mais pourquoi nier avoir commis un vol lorsqu'on avoue le massacre de trois petits enfants ? Et où prendre l'opium que je ne détenais pas ?

Le capitaine haussa les épaules.

– Josserand n'était pas un homme, mais un diable. Je l'ai questionné, moi aussi, trois jours entiers. J'ai rencontré le mal à l'état pur. Il avait oublié certains de ses actes. Quand il retrouvait la mémoire, il savait les décrire avec précision, des détails d'une atrocité insoutenable. Aucune logique en lui, pas plus dans son comportement que dans ses discours. Tout n'était qu'instinct et folie meurtrière.

En disant cela, son regard se porta sur le lieu de l'exécution, en contrebas. Ses hommes descendaient le corps du condamné après l'avoir détaché. La porte du Roy était ouverte. Quatre arbalétriers surveillaient le rivage. La marée montait, soulevant une barque amarrée au rocher.

– Ses aveux, vous les avez obtenus par la torture, fit remarquer l'abbé.

– Je n'avais pas le pouvoir de le confesser et de lui donner l'absolution, moi, ironisa Louis.

Richard s'autorisa un sourire. Avant d'entrer dans les ordres, il avait passé sa jeunesse en Italie et servi un temps dans l'armée royale de Charles VI. Il savait que les soldats pouvaient se livrer à des cruautés sans faillir à l'honneur. En utilisant la torture, le capitaine n'avait fait que son devoir.

Pour sauver la vie de ses hommes, il aurait peut-être utilisé des méthodes comparables à celles de Josserand. Non, pas Louis d'Estouteville. Pour lui, la chevalerie n'était pas seulement un art de combattre, mais un idéal.

Il contempla son abbaye, ce psaume de pierre, avec une admiration teintée de tristesse. La partie la plus belle, on l'appelait la Merveille, depuis que le roi Philippe Auguste avait consacré une fortune pour la reconstruire après le sac de 1204. Elle méritait bien son nom : il n'en existait pas d'aussi magnifique dans le monde entier. Il priait chaque jour pour qu'elle continue à résister aux éléments et aux hommes acharnés à sa ruine.

– De quoi avez-vous peur ?

L'abbé sursauta, surpris par la perspicacité brutale du capitaine. Oui, il avait peur, plus que jamais. Il posa la main sur le bras de Louis comme pour se rassurer à ce contact.

– Vous avez puni un meurtrier, il le méritait, j'en conviens. Mais le monstre est toujours là, murmura-t-il en se signant.

– Quel monstre ? s'écria le capitaine. Que savez-vous encore que j'ignore ?

– Avez-vous parlé à frère Augustin ? lui demanda l'abbé.

Louis le dévisagea, intrigué.

– Augustin ? À quel propos ?

– Je l'ignore. Il voulait s'entretenir avec vous.

– On prétend qu'il n'a plus toute sa tête.

– Il lui arrive de délirer, mais ses visions sont souvent prophétiques.

– Me parler ? Pourquoi moi ? s'étonna Louis. S'il s'agit de se confesser…

– Il n'en est pas question, le coupa Richard. Il parle de la guerre à l'est, de la prise d'Orléans, de Jeanne d'Arc et de ses voix.

– Il les entend aussi ?

L'abbé plongea son regard dans le sien, cherchant des traces d'ironie. Mais le capitaine n'y songeait pas. Il n'écoutait plus le moine. En bas de la grande rue, la porte du Roy s'était refermée. La barque se dirigeait vers le large, emportant la dépouille du condamné.

– Vous pensez que le monstre n'a pas disparu ?

L'abbé secoua la tête.

– Je l'ignore, ce n'est qu'une impression. Vous devez la ressentir, vous aussi.

– Je ne ressens rien ! gronda Louis.

En réalité, il n'avait jamais été aussi tourmenté.

12

Lorsque le son aigre de la cloche du Roy se fit entendre, Louis d'Estouteville bondit hors de son lit et saisit son épée. Il y avait des semaines que ce son signalant l'approche de l'ennemi n'avait plus retenti. Tandis qu'il chaussait ses bottes et ceignait son arme, ses chevaliers couraient déjà sur le chemin de ronde en direction de la porte de l'enceinte. À leur allure, il devina qu'il n'était pas question d'une attaque. Dans ce cas, pourquoi sonnait-on et avec une telle insistance ?

Il monta en hâte au sommet de la tour du Roy et se pencha au-dessus du pont-levis qu'on avait abaissé. Face à la herse se tenait un homme seul, une sorte de vagabond, un pèlerin peut-être, bien que les marcheurs de Dieu ne voyagent jamais seuls.

– Yvon, c'est Yvon !

Les archers chuchotaient entre eux. « Yvon, ils plaisantent ! » songea Louis. Au même instant, le visiteur leva la tête en direction de la cloche qui s'agitait toujours. Son chapeau tomba.

– Relevez la herse ! ordonna le capitaine en dévalant les degrés jusqu'au pied des remparts.

C'était bien Yvon, ses yeux bleus, ses cheveux de blé mûr. Mais un Yvon maigre, chancelant, pieds nus et en haillons. Lorsque le capitaine lui donna l'accolade, il resta figé, les bras le long du corps. Puis il fixa d'un air déconcerté son seigneur et ses compagnons qui l'interpellaient et lui lançaient des bourrades enthousiastes.

– D'où viens-tu ? lui demanda le capitaine d'un air sévère.

Le jeune chevalier le dévisagea, sourcils froncés, fouillant sa mémoire.

– Tu ne me reconnais pas ? C'est moi, Louis, ton capitaine.

Yvon resta muet. Cependant, il saisit la cruche que lui tendait l'un de ses compagnons et but avec avidité, sans souci de l'eau qui lui inondait le menton et la poitrine.

Le Saxon écarta les soldats et soutint le garçon qui flageolait.

– Laissez-le respirer !

– Prévenez Herbert ! ordonna le capitaine.

Frère Herbert était l'infirmier de l'abbaye. Quand Louis lui prit le bras, Yvon se laissa conduire docilement. En remontant la grande rue, il prit un morceau de pain offert par un soldat et le porta à sa bouche avec la même voracité que la cruche, quelques instants auparavant.

– J'ignore ce qui lui est arrivé, mais il doit errer depuis longtemps, fit observer le Saxon.

Le capitaine, lui, était partagé entre le soulagement de retrouver le jeune chevalier et le mystère qui entourait sa disparition.

– Qu'est-ce qui t'est arrivé ? Essaie de te rappeler !

Pour toute réponse, il obtint un regard bleu, innocent, étonné, un peu absent.

Herbert les accueillit avec empressement. Il connaissait Yvon pour avoir soigné et guéri ses blessures à plusieurs reprises. Après tant de crimes, il avait redouté le pire, comme les autres.

– Je suis bien heureux de te revoir, mon garçon ! s'exclama-t-il. Saint Michel a veillé sur toi.

Tout en parlant, il ôtait les guenilles d'Yvon.

– Je t'ai connu plus fringant, et surtout mieux nourri ! s'écria-t-il avec une joie forcée en découvrant la maigreur du rescapé.

Le capitaine et l'officier, entrés avec lui dans l'infirmerie, observaient avec stupeur le corps d'Yvon, ses côtes saillantes et sa peau tailladée de la tête au pied.

– On l'a torturé ? demanda Setier d'une voix sourde.

Après avoir examiné les blessures, le moine fit un geste de dénégation.

– Non, ce sont visiblement des rochers ou des épines qui l'ont lacéré ainsi. Dieu sait où il a erré, et depuis quand !

– Huit jours, précisa le capitaine. Je voudrais bien savoir…

– Moi aussi, le coupa Herbert. Mais pour l'instant il semble ignorer où il se trouve et avec qui.

– Pourtant il est revenu tout seul devant la porte de la cité.

L'infirmier soupira.

– L'instinct. Sa mémoire reviendra, il faut lui laisser le temps. Le plus urgent…

Sans achever sa phrase, il disparut dans la salle voisine. Le capitaine en profita pour reprendre son interrogatoire.

– En ton absence, nous avons découvert le coupable. Il se faisait appeler Kermadec, mais se nommait en réalité

Josserand, Josserand le Rouge, ou l'Archiprêtre… Ces noms ne te rappellent rien ?

Yvon l'écoutait attentivement. Cependant, ce qu'on lui disait n'éveillait en lui aucune émotion.

– Il ne tuera plus personne : nous l'avons pendu avant-hier.

– Les Anglais, demanda à son tour l'officier, tu as rencontré les Anglais ?

Yvon plissa le front.

– Nous avons besoin de savoir ce que tu as fait depuis que tu as disparu. Tu es resté absent une semaine. Comment es-tu sorti de la cité ? Où es-tu allé ?

Soudain, Yvon sursauta et tourna la tête. C'était sa première réaction depuis son arrivée. L'officier crut d'abord que ses paroles avaient provoqué ce sursaut. Cependant, le blessé se précipita vers l'infirmier revenu dans la salle. Le moine eut tout juste le temps de disposer une écuelle de soupe et un gobelet de vin sur la table de l'infirmerie. Sans prendre la peine de s'asseoir, l'affamé se mit à boire et à manger comme si sa vie en dépendait. Herbert éclata de rire.

– Là, mon garçon, là, doucement, ne t'étouffe pas. Assieds-toi.

Il le força à prendre place sur le banc, puis il s'adressa au capitaine.

– Il n'a pas dû s'alimenter beaucoup, ces jours derniers, et il est altéré. J'espère qu'il n'a pas bu d'eau de mer ! La priorité est de le nourrir pour lui permettre de reprendre des forces. Je vais le garder ici quelques jours, soigner ses blessures et lui donner ce qu'il faut. C'est un gaillard, un jeune gaillard, ce qui est encore préférable. Il se rétablira vite.

– Vous croyez qu'il a pu tomber dans la mer ? demanda le capitaine.

L'infirmier eut une moue évasive.

– Tout est possible.

– S'il est tombé, c'est qu'on l'a poussé, grommela Jean Setier en maîtrisant sa colère.

Au même instant, l'abbé entra dans l'infirmerie et sourit à Yvon.

– On m'a appris la bonne nouvelle. J'ai eu si peur pour toi. Comment vas-tu, mon garçon ?

– Il ne vous reconnaît pas, expliqua Herbert.

– Il est blessé ?

– Pas comme vous l'entendez, mais il a souffert. Il doit réapprendre le langage et la mémoire.

– Avec l'aide de Dieu, murmura l'abbé, sincèrement ému.

– Je vous le confie, dit le capitaine. Je reviendrai demain.

Il fit signe au Saxon de l'accompagner. Une fois sortis de l'infirmerie, il ordonna :

– Surveille-le, qu'il ne lui arrive pas malheur.

L'officier haussa les épaules.

– Que peut-il lui arriver ? Josserand a cessé de nuire !

– Celui qui l'a mis dans cet état peut revenir achever son ouvrage.

– Un autre ? À qui pensez-vous ? demanda le Saxon, stupéfait.

– Je ne sais pas, dit le capitaine d'un ton bref, je ne suis pas sûr, mais je ne veux prendre aucun risque. Il y a encore des mystères que je n'ai pas éclaircis.

– Quels mystères ?

Ils se turent quelques instants, le temps de laisser passer un groupe de moines qui regagnaient l'abbaye. Le capitaine attira son lieutenant à l'écart.

– L'officine de l'alchimiste, par exemple. Comment Yvon a-t-il pu la découvrir si la porte était condamnée, comme le prétend l'abbé. Quant à sa disparition… la dernière fois qu'on l'a aperçu, c'était il y a huit jours, au lever du soleil. La porte de la cité était fermée depuis trois jours et elle ne s'est pas ouverte. Il a donc quitté l'île en plein jour. Par quel moyen, je te le demande ? Et ces substances rares, le murex, l'opium ? Josserand ignorait leur existence. Or, on les a découvertes dans ses affaires. Est-ce assez d'énigmes ? Yvon seul peut répondre à nos questions. Tu comprends pourquoi je tiens à le garder en vie ?

– Ce n'est pas la seule raison, fit remarquer l'officier, maussade.

– Quelle autre ?

– L'amitié, seigneur.

– L'amitié passe après la sécurité de l'île.

Louis regretta aussitôt ces paroles qui ne reflétaient pas sa pensée. Il était profondément attaché à Yvon comme à la majorité de ses cent vingt chevaliers. La plupart étaient prêts à sacrifier sa vie pour lui. Et leur abnégation avait souvent décidé du sort des combats qu'ils avaient livrés ensemble.

13

L'animation de l'auberge surprit Louis. Le feu généreux brûlant dans la cheminée répandait une odeur d'épices et de viande grillée. Quatre longues tables étaient occupées par des pèlerins, des pêcheurs, des marchands et des navigateurs forceurs du blocus anglais.

Le capitaine demeura quelques instants sur le seuil. Le spectacle lui rappelait les dîners de son manoir normand durant les périodes de trêve. Depuis, la guerre s'était durcie, les haines dégénéraient, les combats devenaient de plus en plus meurtriers. Les campagnes étaient ruinées, le château familial de Valmont occupé, incendié, peut-être, en représailles après son ralliement au roi Charles VII.

Par quel prodige Desgrées faisait-il régner l'abondance dans sa maison pendant que les moines de l'abbaye et les soldats de la garnison devaient se restreindre ? Louis avait beau se dire que sans l'aubergiste l'île aurait connu la famine, ces jambons, ces volailles, ce miel et ce vin, ces chandelles et ce bois à volonté étaient d'un luxe suspect.

Il songeait parfois à réquisitionner une partie de ces richesses, mais il y renonçait sans s'avouer que les cadeaux de l'aubergiste l'en dissuadaient : ces pichets de vin, cet hydromel, ces chapons, et son grenier loué à un prix dérisoire.

Durant quelques minutes encore, il observa les mangeurs d'un œil critique. Leurs visages étaient rouges. Les contrebandiers parlaient haut. Les pèlerins eux-mêmes s'animaient. C'étaient les miquelots les plus riches, Desgrées avait le don de les repérer. On aurait dit qu'il flairait l'argent cousu dans leurs manteaux.

Atlas s'activait entre les tables. Le petit homme était vif, adroit et muet. Cette dernière qualité était la préférée de l'aubergiste qui se réservait le privilège de la conversation. Aussi invisible qu'une araignée au centre de sa toile, il écoutait, enregistrait, provoquait les indiscrétions et rassurait les bavards pour mieux les tenir à sa merci.

Lassé de son examen et mécontent de l'atmosphère de fête qui régnait ici à l'insu des défenseurs de l'île, le capitaine s'avança dans la salle. D'ordinaire, à son entrée, les conversations cessaient par crainte ou par considération. Ce jour-là, à cause de la générosité du vin, sans doute, les bavardages continuèrent.

Derrière la statue de saint Michel appuyée à un des piliers de bois, Louis découvrit Héloïse. Contrairement à son habitude, la jeune fille était assise à une table, face à Roger de Rochelin, un vieux pèlerin qui se piquait d'avoir du sang noble. Louis connaissait deux de ses cousins qui étaient de fait gentilshommes. À l'instant où il les aperçut, Rochelin parlait avec entrain et Héloïse riait, la main devant la bouche pour contenir sa joie trop vive. C'était la première fois qu'il la voyait rire. Elle était particulièrement charmante, et il en conçut de la jalousie.

Il se rappela qu'il était venu l'interroger à propos d'Yvon. Cette démarche était un prétexte pour la revoir ; soudain, elle devint une nécessité. S'avançant vers la table où ils étaient réfugiés à l'écart des autres, il interrompit le discours du pèlerin.

– Monsieur, je dois parler à cette fille.

Le gentilhomme leva la tête, surpris par la brutalité du ton. En reconnaissant le capitaine, il voulut se lever. Louis, s'appuyant sur son épaule, l'obligea à rester assis. Le rire d'Héloïse s'était figé sur ses lèvres.

– Viens !

L'ordre était péremptoire. Elle obéit. Il l'entraîna à l'abri des regards et l'invita à prendre place sur un tabouret en demeurant debout devant elle, le visage dur, intimidant. Le regard anxieux d'Héloïse semblait chercher ce qui motivait sa colère sans y parvenir. Ses cheveux détachés lui couvraient les épaules, laissant apparaître un bout de col ourlé de dentelle. Il admira une fois de plus la joliesse de ses traits et la douceur de ses grands yeux noisette.

– Tu ne m'as pas tout dit, n'est-ce pas ?

Il utilisait à dessein un ton sévère pour dissiper sa propre émotion. Elle secoua ses boucles.

– À quel sujet, messire ?

Il constata avec plaisir qu'elle était au bord des larmes.

– À propos d'Yvon. Tu n'ignores pas qu'il est revenu ?

Elle fit un petit signe d'assentiment. Il crut qu'elle allait poser une question, mais elle se mordit les lèvres.

– Tu l'as revu ensuite, ce jour-là !

– Non, messire, je vous le jure.

Elle protestait à voix basse et se griffait les mains. Une larme glissa sur sa joue. Un long moment il jouit de sa frayeur avant de se radoucir. Il saisit un tabouret et s'assit à côté d'elle, les yeux au fond des siens comme pour percer son mensonge. En réalité, sa beauté l'enchantait : la blondeur de sa peau, sa bouche charnue, aveu de sensualité sous la pure délicatesse du visage. Il songea à Lucie de Fierville, dont il avait été amoureux quand il avait seize ans. Son père, le marquis, lui avait brisé le cœur en emmenant sa fille en Bourgogne. Pour la revoir, il avait parcouru cent lieues à cheval à travers des campagnes ravagées et trahi les siens en échange d'une nuit de plaisir à la saveur amère. Fallait-il qu'il soit fou ou solitaire depuis trop longtemps pour comparer Lucie à Héloïse, une fille d'aubergiste !

– Il est blessé, m'a-t-on dit.

La voix d'Héloïse était compatissante. Son regard le guettait derrière ses cils blonds. Il eut l'impression qu'elle avait conscience du trouble qu'elle suscitait.

– Que lui est-il arrivé ? demanda-t-elle.

– Je crois que tu m'as menti !

Il avait lancé ça au hasard pour rompre le charme. Qui était-elle ? Une fille de rien, et lui, un grand seigneur, maître de la forteresse. Au moment où il s'y attendait le moins, elle se leva. Il lui saisit le poignet : il n'en avait pas fini avec elle ! L'étreinte était si brutale qu'elle grimaça et gémit.

– Je reviens, seigneur.

Il la libéra et jouit du spectacle troublant de son évolution, la souplesse de sa taille, la danse de ses boucles, ses bas blancs sous l'ourlet de sa robe. Elle se retourna et lui adressa un sourire timide pour l'inciter à patienter.

Soudain, il eut conscience que les hôtes l'observaient avec curiosité. Son regard sévère les força à détourner les yeux. Déjà, Héloïse revenait, tenant dans sa main un pot de terre brune.

– Pour votre chevalier, chuchota-t-elle.

– Qu'est-ce que c'est ?

– Une pommade de bétoine, une plante bienfaisante qui guérit les plaies et calme les douleurs.

– Que sais-tu de ses plaies ? Et d'abord, d'où te vient cette science ? gronda-t-il sans accepter ce qu'elle lui offrait.

– J'ai été novice chez les moniales de Sainte-Marie-des-Champs, messire. Les sœurs m'ont enseigné la culture des simples et l'usage des médications.

Il hocha la tête pour faire croire qu'il le savait. Or, il ignorait tout de cette fille, hormis sa beauté, le trouble qu'il ressentait, et la tentation douloureuse de toucher la peau douce de son poignet ou de son cou.

– Combien de temps ?

Elle surprit son regard. Il se contenait à grand-peine.

– Combien de temps as-tu vécu à Sainte-Marie ?

– Presque trois ans.

– Pourquoi n'es-tu pas restée là-bas ?

La voix d'Héloïse s'altéra.

– Ma mère est morte, et mon… mon père m'a emmenée avec lui.

Au même instant, elle se raidit et se tut. Tournant la tête, Louis surprit Desgrées. L'aubergiste souriait avec un air sournois qui lui déplut. D'un geste vif, Héloïse dissimula le médicament sous sa robe.

– Qu'as-tu ? demanda le capitaine.

– Rien, seigneur.

Cependant, ses yeux agrandis trahissaient un effroi involontaire.

– Il faut que nous parlions plus longtemps, toi et moi, petite couventine.

– Je n'ai rien à vous dire, rien de plus, seigneur, murmura-t-elle d'un air suppliant.

– Je t'attendrai demain matin à la tour du Roy.

Elle secoua la tête en signe de refus.

– Onze heures, exigea-t-il.

– On m'interdit de sortir, vous le savez bien.

– C'est moi qui décide des droits et des devoirs de chacun sur l'île, dit-il d'un ton sans réplique. Si tu ne viens pas, je t'enverrai chercher.

Il faillit ajouter : « par la force, au besoin », mais il jugea qu'il l'avait assez effrayée pour l'instant. Elle tourna la tête du côté de son père, comme si elle ne tenait pas à en entendre davantage, puis ses lèvres s'ouvrirent. Elle murmura d'une voix blanche :

– Je n'ai rien fait de mal, messire.

Il allait répliquer quand l'un des hommes préposés à la surveillance de l'abbaye pénétra dans l'auberge, le chercha des yeux, et annonça :

– Seigneur, Yvon a retrouvé la mémoire.

Le capitaine se dressa avec un tel empressement qu'il renversa son tabouret. Sans daigner le ramasser, il lança un dernier regard à Héloïse. Elle était blanche, et la main qu'elle portait à son front tremblait légèrement. « C'était un jeu cruel, pensa-t-il. Je me ferai pardonner. »

14

Louis scruta les yeux d'Yvon. Tantôt bleus tantôt verts, ces yeux justifiaient la légende qui affirmait que les yeux des marins bretons prenaient les couleurs de l'océan. Depuis six générations, les ancêtres d'Yvon avaient navigué de l'Écosse à l'Espagne. Le garçon était né sur un navire, au large des Hébrides.

– Ta mémoire est revenue ?

Tiré de son rêve par la voix du capitaine, le jeune chevalier quitta précipitamment sa paillasse. Sur son torse osseux, les lacérations formaient des croûtes sombres, mais il avait recouvré une partie de sa vigueur.

– Seigneur, je vous demande pardon, balbutia-t-il.

– De quoi t'excuses-tu ? plaisanta Louis. D'être en vie ?

Yvon fit le geste de se frotter la nuque qui accompagnait ses réflexions difficiles.

– D'avoir disparu sans raison.

– Sans raison ? Il doit bien y en avoir une, tu ne crois pas ? Qu'est-ce qui t'a conduit hors des murs de la cité, dis-moi ?

Le jeune chevalier secoua la tête avec désespoir. Ses lèvres remuaient sans émettre un son.

– Ce jour-là, le jour de ta disparition, précisa le capitaine d'un ton patient, nous devions retourner ensemble au pied de l'abbaye. Il y a cette vieille porte de chêne qui ne s'ouvre jamais. Tu m'as parlé d'une cave, des feux, des instruments d'alchimie, et d'une couleur rouge, la pourpre retrouvée sur le corps des victimes. Tu t'en souviens ?

Yvon l'écoutait avec une attention douloureuse, sans nier ni acquiescer.

– Cette pièce mystérieuse, poursuivit le capitaine, je l'ai découverte, moi aussi. J'ai vérifié ce que tu m'as raconté : tout était vrai.

Le visage d'Yvon se crispa. Ses mâchoires saillirent sous l'effet d'un violent effort intérieur. « Il sait, songea Louis. Pourquoi ne parle-t-il pas ? On dirait qu'un pouvoir plus fort que sa volonté lui impose silence ! »

La peur ? Non, le garçon était hardi jusqu'à la témérité, il l'avait démontré bien des fois. Mais il existait de multiples sortes de peur. On pouvait braver le fer et le feu, et s'effondrer devant une ombre inoffensive.

Il prit Yvon par le cou, comme un enfant.

– Viens avec moi.

L'infirmerie sentait le camphre, la sueur et l'urine. Dehors, Yvon emplit ses poumons avec volupté. Le capitaine lui tendit sa tunique, car l'air était vif. Yvon s'habilla docilement. Louis avait résolu de le conduire dans l'officine de l'abbé, mais il changea d'avis et l'emmena sur les remparts, entre la tour du Nord et la tour Boucle.

En apercevant Yvon, les chevaliers s'approchaient de toutes parts. Le capitaine leur fit signe de rester à l'écart. Il espérait encore qu'Yvon retrouve la mémoire à l'endroit où il devait avoir disparu. Cependant le convalescent contemplait l'horizon sans émotion apparente.

– Tu as dû tomber là, du haut de ce mur, tomber dans la mer.

Yvon lui lança un regard vif, puis se mit à parler d'une voix volubile.

– La mer, oui, je courais devant la marée. Le sable était mouvant. Mes pieds s'enfonçaient. Le vent sifflait. Il y avait des cris, des grincements, des oiseaux… Le sel me brûlait les yeux, tout était trouble. Je suis tombé, la vague m'a recouvert, après… après… Il y avait ces hommes, autour de moi.

– Des hommes ? Des Anglais ? demanda le capitaine.

– Je ne sais pas.

– Quelle langue parlaient-ils ?

– La nôtre, peut-être. Tout était déformé, je ne comprenais pas.

– Il faisait jour ?

– Le jour, oui.

– Ces hommes, ils étaient hostiles ?

– Hostiles ?

– Ils te voulaient du mal ?

– Non. Il y avait un bateau, une fille et trois hommes. Ils se sauvaient.

– Des pêcheurs ?

– Peut-être.

– Toi, que faisais-tu ?

– J'ai poussé leur bateau à cause du sable. Ensuite, je me suis retrouvé seul.

– Tu veux dire qu'ils t'ont abandonné ?

– Je ne savais plus où j'étais.

Il s'interrompit et dévisagea le capitaine, étonné par ses propres paroles.

– Tu ne veux pas essayer de te rappeler comment tu t'es retrouvé en bas, dans la mer ? soupira Louis.

Yvon jaugea les remparts comme pour en mesurer la hauteur. Puis il fixa la porte du Roy.

– Tu n'es pas sorti par là, tu n'as pas pu, précisa le capitaine. La porte est restée fermée. On t'a poussé du haut du mur, je présume. Michel a subi le même sort quelques jours auparavant, mais lui n'a pas survécu. On l'a étranglé. Je vais te dire pourquoi : il avait des révélations à me faire. On l'a tué pour l'empêcher de parler. Toi aussi, on a essayé de te faire taire, c'est ce que je crois.

Il posa l'index sur le front d'Yvon.

– La vérité se trouve ici, prisonnière, il faut qu'elle sorte.

Yvon ferma les yeux pour fouiller sa mémoire, puis il murmura :

– Cet homme, ce prêtre…

– Un prêtre ?

– Celui que vous avez pendu.

– L'Archiprêtre, c'est ainsi qu'on le surnommait. Josserand. Tu le connaissais ?

– Non, seigneur, je vous l'aurais dit. C'est lui qui m'a…

Il désigna la baie recouverte par la marée.

– Ce n'est pas certain. Peut-être avais-tu découvert son passé.

– Son passé ?

– Ses crimes. L'homme était un monstre, mais il en existe d'autres, je le crains.

Yvon prit sa tête entre ses mains.

– Pourquoi ?

– Pour quelle raison tu as oublié ? Ça arrive parfois. Je me souviens d'un de mes compagnons à la bataille de Tourane. Un coup à la nuque a effacé sa mémoire. Il ne savait plus distinguer ses amis de ses ennemis. Il ne reconnaissait même plus son épouse. Patience : ta mémoire guérira avec le temps. Déjà, tu vas beaucoup mieux, des images te reviennent. Essaie de faire un effort… Les gens que tu as rencontrés, ceux qui sont partis avec leur barque, où sont-ils allés ? Tu l'ignores ? Et toi, qu'est-ce que tu as fait, après ça ?

Yvon leva les yeux comme s'il s'adressait aux nuages.

– J'ai suivi une rivière. L'eau était glacée… Les pierres étaient tranchantes, je n'avais plus mes bottes. C'est vrai, j'étais pieds nus. Il y avait une chaumière, des chiens aboyaient, des hommes sont sortis…

– Anglais ?

– Ils m'ont donné un morceau de pain, puis ils ont fermé leur porte. Ensuite… j'ai vu une falaise. Le vent était furieux. J'ai dû m'accrocher aux bruyères.

– Il y a eu une tempête, confirma Louis. Pourquoi n'es-tu pas retourné sur l'île ?

Yvon le regarda comme s'il n'avait pas compris la question.

– Tu as fini par revenir, malgré tout.

– C'est à cause de la cloche.

– Celle de l'abbaye ?

– C'est elle qui m'a guidé… Saint Michel.

– Je comprends, soupira le capitaine.

Il aurait voulu en savoir davantage. En particulier, il lui semblait impossible qu'Yvon ait erré pendant une semaine sans rencontrer d'ennemis quand les Anglais occupaient la côte, de la Bretagne jusqu'au Cotentin. Cependant il jugea inutile d'insister. Il n'était pas à un jour près. Yvon avait besoin de repos. L'effort qu'il venait d'accomplir l'avait épuisé. Louis le ramena vers l'abbaye. Sur le parvis de l'église, Yvon se détendit.

– Huit jours, ton absence a duré huit jours, nous t'avons cru mort, dit le capitaine avec sollicitude.

Il allait l'abandonner quand il pressentit un danger. Cela commença par une pluie de terre, puis il y eut un craquement, une ombre voila le soleil. Instinctivement, il bondit sur Yvon et le ceintura. Ils tombèrent ensemble dans les arbustes du jardin des moines tandis qu'un bloc monumental s'écrasait sur les dalles à l'endroit précis où ils bavardaient, quelques instants auparavant. Le capitaine sentit une brûlure à la joue, provoquée par un éclat. La pierre roula sur le parvis avant d'interrompre sa course à la limite du grand degré intérieur.

Attirés par le fracas, des hommes accoururent depuis la salle des gardes et les aidèrent à se relever. Louis se pencha sur Yvon.

– Tu n'as rien ?

Le garçon, indemne, regardait l'église d'un air ébahi comme si la façade tout entière s'était effondrée. Un archer menaçait deux maçons qui contemplaient la scène depuis le toit de l'église.

– Maudits maladroits, descendez !

– Il s'en est fallu de peu ! constata le Saxon, arrivé après les autres. Cette masse vous aurait écrasés. Je ne comprends pas…

Les moines et les pèlerins se mêlaient aux chevaliers.

– Saint Michel vous a protégés, dit un serviteur en se signant.

– Saint Michel a failli avoir leur peau ! gronda le lieutenant penché sur la pierre marquée du sceau de l'archange à côté du lion, emblème de l'abbé Jolivet.

Le capitaine écarta les curieux.

– D'autres pierres peuvent tomber, retirez-vous !

– Pas vous, ajouta-t-il en s'adressant aux ouvriers descendus du toit et encadrés par les archers.

15

Les maçons étaient jeunes, entre dix-huit et vingt-cinq ans, vêtus de toile bleue et chaussés de brodequins saupoudrés de poussière blanche, comme leurs cheveux et leurs sourcils.

– Pardonnez-moi, seigneur capitaine, murmura le plus jeune d'une voix tremblante.

Louis fit un geste apaisant.

– Je te connais, tu es Antony, le charpentier.

C'était l'ouvrier qui avait été témoin de la querelle entre Aubain et Gilles.

– Pourquoi t'excuser ? ajouta-t-il. Tu n'es pas responsable de ce qui tombe du ciel, du moins, je l'espère.

Antony hocha la tête.

– C'est vrai, seigneur, devant Dieu. Mais j'aurais dû mieux inspecter la toiture, je croyais l'avoir fait ; depuis l'effondrement du chœur, je m'efforce de consolider la charpente et de la couvrir pour mettre la nef à l'abri de la pluie. Mais nous ne sommes que deux et manquons de moyens. Les tempêtes de ces derniers mois n'arrangent rien. On dirait que le ciel s'acharne sur l'abbaye.

Le maçon tremblait d'émotion. Le capitaine leva la main pour faire cesser son flot de paroles.

– Tu dis que c'est la tempête qui a fait basculer cette pierre ?

– Pas elle, non, protesta Antony.

Louis se tourna vers le deuxième ouvrier, qui était un peu plus âgé et beaucoup plus robuste que son compagnon.

– Et, toi, qui es-tu ?

– Peter, dit l'homme, laconique.

– Tu es anglais ?

– Oui, seigneur.

– Tu n'as pas d'accent !

– J'ai vécu par ici, et je travaille à l'abbaye depuis quatre ans.

Le capitaine devança ses protestations.

– Tu n'es pas le seul Anglais de l'île. Trois de mes chevaliers sont nés de l'autre côté de la mer, en Cornouailles, et ils comptent parmi les plus valeureux et les plus fidèles défenseurs du Mont. Alors, raconte-moi, d'où vient ce gros caillou ?

– De là-haut, grommela le maçon.

– Ça, je sais bien, je sais aussi où il a atterri, fit Louis.

– Je travaillais à la charpente, de l'autre côté, précisa Peter, maussade.

– Donc, tu n'as pas touché à cette pierre. Elle s'est détachée toute seule, sans prévenir ?

L'Anglais secoua la tête d'un air buté.

– Dis-lui, souffla Antony, en évitant le regard réprobateur de son compagnon. Dis-lui ce que tu as vu.

– Si tu as remarqué quelque chose, tu dois en témoigner, exigea Louis. Sinon, nous te croirons responsable. Tu as pu faire basculer la pierre par maladresse, par exemple.

L'ouvrier se mordit les lèvres. Il lança un regard inquiet sur le fronton de l'église et murmura :

– C'est la statue, seigneur capitaine.

– Quelle statue ?

Peter se frotta les yeux comme pour chasser un mauvais rêve.

– Un personnage de pierre.

– Un saint ?

– Un diable, chuchota l'Anglais. Il s'est redressé, a saisi le socle, et…

– Tu veux dire qu'une statue est devenue vivante, c'est ça ?

Le maçon haussa les épaules avec accablement.

– Les statues qui se promènent sur les toits, ça n'existe pas, insista le capitaine.

– Non, seigneur.

– Tu as rêvé ?

– Peut-être bien, acquiesça Peter, soulagé.

– Donc, si cette apparition n'était pas une statue, c'était un homme.

– Peut-être bien, répéta le maçon.

– Qu'est-il devenu ?

– Elle… Je veux dire il a disparu.

– Attendez ! intervint Yvon. Une statue, cet homme n'a pas rêvé. Je l'ai vue, moi aussi.

– Tu as vu une statue tenter de nous écraser sous ce maudit lion de pierre ? demanda Louis, incrédule.

– Pas celle-ci, non, répliqua Yvon. Pas aujourd'hui, mais la semaine dernière. Je sens encore le froid de la pierre sur ma gorge… Je me souviens, maintenant. La chose m'a arraché du sol, soulevé… Un diable, j'ai aperçu un visage blanc, grimaçant, inhumain. Je suis tombé. Et puis l'eau…

Le capitaine effleura sa cicatrice d'un geste nerveux.

– Une statue.

– De la pierre, confirma Yvon.

– Un diable de pierre !

Peter se signa, et Louis faillit en faire autant. Il ne croyait pas au surnaturel, toutefois les événements récents dépassaient son entendement. La mort de Josserand n'avait rien résolu, l'abbé l'avait pressenti. La malédiction continuait. Cette pierre ne s'était pas détachée toute seule. Et il ne faisait aucun doute qu'Yvon était visé, Yvon ou lui-même. Si c'était le cas, cela signifiait que Josserand était innocent des crimes perpétrés dans l'abbaye. Le terme d'innocent ne lui convenait pas. Étranger !

Sans tenir compte de ses protestations, il ordonna à ses hommes de reconduire Yvon à l'infirmerie et de veiller sur lui. Un diable de pierre ! Sans le témoignage du maçon, il aurait douté de la raison du jeune chevalier.

Absorbé dans ses pensées, d'abord, il n'avait pas remarqué l'abbé. Il l'aperçut agenouillé près de la pierre au lion. En s'approchant, il l'entendit murmurer :

– Impossible !

– Vous connaissez cette pierre ? demanda-t-il.

– Je l'ai vu tailler, il y a quelques années.

– Que faisait-elle sur le toit de l'église ?

Richard le regarda d'un air troublé.

– C'est ce qui m'intrigue. Pour la hisser là-haut, il aurait fallu un treuil, un système de levage, un palan, que sais-je ?

– Où était-elle ?

L'abbé fit un geste vague vers l'enceinte de la cité.

– Cet ouvrier, Peter, et Yvon parlent tous deux d'une statue vivante, un personnage de pierre, un diable.

Richard frissonna.

– L'un de nos frères a évoqué une vision similaire.

– Lequel ? Je dois l'interroger.

Le capitaine se tut, conscient de l'accent exalté qui trahissait une émotion indigne du chef de sa petite armée.

– Paul, soupira l'abbé. Il a rendu l'âme.

– Mort ! s'exclama Louis.

– Rien de suspect. Il était âgé et très malade. Il est mort l'hiver dernier.

– Cette vision, à quoi ressemblait-elle ?

– Il parlait d'un géant de pierre, capable d'apparaître et de disparaître. J'ai pensé qu'il n'avait plus toute sa tête. Il était hanté par l'enfer.

Au même instant le Saxon vint se joindre à eux.

– Que les hommes inspectent le toit de l'église et ceux de tous les bâtiments jusqu'à la tour Perrine, ordonna le capitaine.

– Qu'est-ce qu'on doit chercher ? Une statue ? maugréa l'officier.

– Des traces, des indices, tout ce qui vous semblera insolite. Questionnez ceux qui ont travaillé à la construction de l'abbaye et des remparts depuis des années. Et l'ouvrier qui a sculpté ce bloc.

Il désigna le lion. Le bloc était ébréché en plusieurs endroits, mais l'emblème était intact.

– Le sculpteur est parti il y a cinq ans en compagnie de l'ancien abbé, et la plupart des ouvriers avec eux, dit Richard.

– Qu'en faisons-nous ? demanda le Saxon.

– Conservez-la. Elle appartient aux Anglais depuis la trahison de frère Jolivet. La catapulte ! On va la leur rendre honnêtement.

Les chevaliers s'esclaffèrent. Richard, lui, était anxieux.

– Vous croyez que le monstre se trouve encore parmi nous ? lui demanda Louis.

– Pas vous ?

– Josserand n'était peut-être pas coupable, admit-il avec réticence. Cependant, rien ne prouve que la chute de cette pierre n'est pas accidentelle. Il règne sur notre île, depuis un mois, une tension propre à égarer les esprits et à susciter les cauchemars. Et les Anglais ne se montrent plus. C'est ce mystère qui m'intrigue le plus. Même Tombelaine est désert ! On dirait qu'ils se sont retirés tout en restant à l'affût. Dans l'attente de quoi ?

L'abbé releva la tête. Dans ses yeux, la tristesse remplaçait l'inquiétude.

– Ils ont capturé Jeanne. Depuis, le royaume tout entier retient son souffle. Les Anglais se sont crus victorieux. Présomption ! Ils ont eu tort de défier Dieu !

– Messire, voyez ceci !

Trois chevaliers avaient fait basculer le lion. L'un des trois désignait, sur l'envers, une marque rouge.

– Une croix !

– La pourpre ! murmura l'abbé, interdit.

Ainsi, l'attentat était signé. La chute n'était pas due au hasard et le monstre était toujours là, rôdant entre les hauteurs de l'abbaye et le dédale de la cité, le paradis et l'enfer.

Le capitaine crispa la main sur son épée. L'idée qu'un monstre de pierre ou de chair le défiait lui était intolérable.

Pendant quelques instants, il regarda ses hommes dresser des échelles et parcourir les toits. Il pressentait qu'ils ne trouveraient rien. Son adversaire était trop puissant, trop malin, pour laisser derrière lui des indices involontaires. Cependant, il devait bien avoir un repaire. C'était lui qu'il devait découvrir !

16

Frère Augustin contemplait les étoiles, l'une des merveilles de la création. Sa brusque ascension l'avait hissé sur cette hauteur avant de l'abandonner dans l'obscurité, enveloppé du chant profond de la mer. Sous le choral de la marée, il croyait entendre encore battre les ailes accordées aux battements de son cœur.

Des mains l'avaient hissé d'un toit à l'autre jusqu'au plus haut point de l'île. Des mains à la fois fortes et attentives, capables de briser son corps fragile, mais singulièrement protectrices.

Bien des fois, au cours de ses nuits d'insomnie, il avait invoqué l'archange, et il était venu, devant le bassin du cloître qui reflétait le ciel. Une ombre immense. L'heure avait sonné. Il ne tremblait pas ; cela devait se passer ainsi, par une froide nuit d'hiver. Il allait enfin savoir si la mort ressemblait à ce qu'il avait dessiné : les éblouissements, les jardins, les fontaines de cristal, des voix d'enfants, les voûtes bleues percées d'étoiles d'or.

Sur ses lèvres, un goût de miel remplaçait le goût du sel. La douleur de ses membres avait disparu. Il cria, non pour se plaindre, mais entendre le son de sa voix. Et quand il l'entendit, il ne la reconnut pas. Des chants étranges montaient de la mer. Une cloche lente et lointaine leur fit écho. C'était beau et mystérieux.

– Merci.

Cette fois, il s'agissait de sa voix. L'archange l'entendit. On aurait dit qu'il l'attendait, elle seule entre toutes les prières. Le toit tremblait sous le poids du vainqueur de Satan. Ses mains puissantes le saisirent avec précaution et le soulevèrent. Un parfum de laine et de lait lui vint aux narines, une odeur de berger. Il s'en émerveilla sans raison.

Ce parfum fit renaître une pensée : il avait un geste à accomplir avant son départ, un message à transmettre. Il eut beau réfléchir, ce message, il l'avait oublié. Au lieu de se torturer, il sourit avec insouciance. Il était trop tard pour les regrets. Le ciel débordait sur la terre, il l'apaisait.

Au large, la cloche ne vibrait plus. Les chants s'étaient tus. Il n'y avait que la houle, le souffle du vent et le cri d'un oiseau. Il s'assoupissait quand sa vision revint. C'était cela qu'il devait dire : ce qu'il avait aperçu un soir. La nuit n'était pas aussi claire qu'en ce moment. Il y avait des nuages sombres traversés d'éclairs. Dans l'éblouissement de la foudre, deux hommes, il les avait reconnus. L'un, plus petit, luttait en silence. Un vol d'oiseaux les avait séparés. Il se souvint d'une aile blanche tournoyant le long du mur. Puis tout avait disparu dans les vapeurs cendrées de l'orage.

Parler de ces hommes au seigneur d'Estouteville à qui il avait promis de l'aide. Il était trop tard, alors pourquoi cet excès de bonheur ?

Le ciel était de plus en plus lumineux, comme si les étoiles remplaçaient le soleil. Pourtant l'aube était encore loin. Les mains qui le tenaient oscillaient pour le bercer. « Un oiseau », pensa-t-il tandis qu'il s'élançait au-dessus du vide. Transporté, il retomba d'abord avec souplesse sur la haute courbe des remparts. L'archange le tint un moment contre lui, puis il le brandit de nouveau et le projeta au loin. Il volait, fouetté par les pans de sa robe. Un oiseau, oui, l'un de ces goélands aux ailes déployées, familiers du ciel. Il éprouva une griserie enfantine avant de heurter la mer qui se referma sur lui comme un linceul.

17

Le dimanche suivant, on retrouva Augustin sur le sable, étendu sur le dos, bras en croix, le visage souriant. Sans la rigidité des membres, on aurait pu le croire vivant. Son habit, tiède de soleil, était à peine humide, et, sur ses joues, le sel laissait de minuscules étoiles.

– Comme Michel, murmura Jean Setier avec un chagrin inattendu.

Le capitaine, agenouillé près du défunt, leva les yeux sur l'abbé pour le prendre à témoin.

– C'est étrange, on dirait…

– Qu'il a trouvé le paradis, acheva Richard.

– Il n'y a aucune violence apparente.

L'abbé se signa.

– Qui aurait pu lui vouloir du mal ?

Qui ? Le capitaine se releva et contempla les hauts murs de l'île avec une colère muette. Il avait honte d'être en vie.

Bouleversé par ce nouveau drame, Louis dormait de moins en moins. Après avoir été une obsession, la chasse au meurtrier devint une maladie, elle le rongeait. Il avait fouillé en vain le Mont-Saint-Michel de haut en bas, depuis le haut de l'abbaye jusqu'aux tréfonds du sanctuaire primitif, sans découvrir son repaire. Pourtant, le monstre était là ; sa présence le hantait.

Lorsqu'il sombrait enfin, après de longues veilles, il se réveillait au moindre bruit, saisissait son épée et se précipitait hors de son logis. Le plus souvent, ce n'était rien : l'appel des guetteurs, le cri funèbre d'un oiseau de nuit au creux des rochers, le grincement du treuil remontant dans l'ombre le butin des contrebandiers ou la récolte des pêcheurs bretons.

Il errait des heures entières sur les remparts et, au cours de ses rondes, il inspectait les postes défensifs, parfois plusieurs fois, jusqu'à l'aube. Son anxiété se communiquait à ses hommes avec une intensité d'autant plus grande qu'elle se teintait de surnaturel. Le monstre de pierre était insaisissable et nul n'était à l'abri de ses atrocités.

À ce rythme, au bout d'une semaine, il était à bout de forces. Au cours de sa huitième nuit de veille, il regagnait son logis, au dernier étage de la tour du Roy, quand il vit une lueur dans une courbe du rempart. Il crut d'abord au feu d'une vigie, mais la lumière ne ressemblait pas à celles des guetteurs : tantôt elle apparaissait, tantôt elle disparaissait, et se déplaçait à une allure inhabituelle entre la tour Béatrix et la tour Chollet. Alerté par ce manège étrange, il la suivit en silence. C'était une lanterne. De temps en temps, elle s'avançait au-delà du mur. Il se pencha et vit la flamme se refléter dans l'eau. Puis il se rendit compte qu'on était à marée basse. Ce qu'il avait pris pour un reflet était, en réalité, une deuxième lanterne. En même temps, il distingua la silhouette d'un homme, au pied du rempart. Un ennemi ! Les deux lueurs se répondaient, du moins elles étaient complices.

Son premier mouvement fut de donner l'alarme et de capturer les deux espions, mais il se retint : un cri aurait provoqué leur fuite. Déjà, la lanterne du haut se déplaçait de nouveau en direction du nord, puis elle disparut. Tout était silencieux. La cité dormait et l'abbaye était obscure. Seuls brillaient les feux au sommet des tours. Louis marchait en étouffant ses pas quand son épée tinta contre le mur. Il s'immobilisa. Au même instant, la lumière reparut. Il la vit danser plus loin, en direction de la tour Boucle. Elle révéla un homme de petite taille, enveloppé dans un manteau, le visage dissimulé sous un capuchon. Un moine ?

Il tira son épée et se prépara à foncer sur le traître quand il se mit à douter : s'il s'agissait de contrebande ? La cité survivait grâce à elle.

Au pied du mur, l'espion avait disparu. En haut, la lanterne s'éteignit de nouveau. En même temps, il entendit des voix, un bruit de pas. Une torche éclaira le chemin de ronde. Deux gardes le parcouraient en discutant joyeusement.

– Maudits bavards !

Le capitaine continua à les injurier entre ses dents, en se dissimulant sous un hourd de l'enceinte. Il était trop tard, sans doute, pour surprendre les espions. Leur disparition face aux guetteurs prouvait justement leur culpabilité, car pêcheurs et contrebandiers fraternisaient avec les soldats de la garnison sans prendre la peine de se cacher.

Il laissa les gardes s'éloigner avant d'abandonner son refuge. Au loin retentissait la rumeur de la marée montante, accompagnée d'un courant d'air froid qui faisait claquer l'étendard aux fleurs de lis de la tour du Nord. Il allait rebrousser chemin quand il revit la lanterne. On aurait dit qu'elle jouait avec lui, qu'elle le narguait. Cette fois, elle se déplaçait dans sa direction. Celui qui la tenait la brandissait sans crainte d'être aperçu. Il marchait souplement. Avec les pans de sa pèlerine agités par le vent, on aurait dit qu'il volait. Soudain, il s'arrêta, posa sa lanterne et ôta une cordelette enroulée à son épaule. Comme il se penchait vers le rivage, son ombre projetée sur le mur par la lueur de la lanterne parut grandir. Elle devint monstrueuse.

Au pied du rempart, la deuxième lanterne reparut malgré l'approche de la marée. L'espion déroula sa corde le long du mur, il se pencha. Le moment était favorable. Tirant son épée, le capitaine fonça sur la pèlerine en ordonnant :

– Rends-toi !

Il perçut un cri étouffé. Un coup de pied, peut-être involontaire, brisa la lanterne. Dans l'obscurité, Louis empoigna l'espion, le renversa sur le sol. Il croyait le maîtriser quand un coup violent à la base du crâne le projeta sur les dalles.

La nuit était criblée d'étoiles éblouissantes. À travers ce tourbillon aveuglant, il distingua une créature vêtue de soie blanche. Il murmura son nom : Lucie. Le marquis de Fierville était donc revenu de Bourgogne. Sa fille avait toujours seize ans, et son sourire énigmatique qui la dispensait de répondre aux serments d'amour. Fou qu'il était d'avoir cru la conquérir ! Il souffrait, puis il oubliait. La robe était bleue, à présent. Ce n'était plus Lucie, mais Héloïse. Elle riait. Il détestait ce rire qui trahissait sa complicité avec les hommes. Dieu qu'il avait mal ! Le breuvage, sirupeux, écœurant, lui brûlait les lèvres au lieu d'adoucir sa douleur. Il se trouvait à l'auberge. Le bois crépitait dans la cheminée en dégageant des fumées âcres. À la lueur du foyer les visages prenaient des allures de spectres. La voix de Desgrées résonnait comme un sermon.

Tout s'éteignit. Au ronflement du feu succéda le grondement d'une bataille. Les hurlements, les tintements du fer contre le fer, les chocs des pierres contre les murs, le grondement des bombardes. Les Anglais donnaient l'assaut. Leurs échelles se dressaient, leurs grappins mordaient les créneaux, leurs casques innombrables étincelaient à la lueur rouge d'un incendie. La poix grésillait dans l'eau qui baignait l'enceinte. Les tours de bois et les mangonneaux sortaient de la baie comme des monstres marins. L'ennemi se déversait de tous côtés. Où étaient ses chevaliers ?

Il tentait de hurler, mais aucun son ne sortait de ses lèvres. Il restait cloué au sol, le dos paralysé, le crâne brisé au cours de l'assaut. Quand, dans un suprême effort, il essayait de se redresser, chaque fois il retombait. La souffrance, cette torche, l'aveuglait. Il allait mourir. L'île sainte serait prise et la cité brûlée comme deux siècles auparavant. Condamnée au bûcher avec Jeanne, sa protectrice. « Saint Michel, aide-la, aide-moi ! »

Il se débattit. Ses ennemis le tenaient. L'un d'eux pesait sur lui. Jadis, il l'aurait terrassé sans effort. Il n'était plus qu'un chevalier vaincu, ses armes appartenaient au vainqueur, un effrayant cavalier de pierre. À son contact, il perdit conscience et se réveilla aussitôt. Une main fraîche effleurait son front fiévreux. Héloïse, c'était elle. Il reconnaissait son parfum de fleur et ses yeux aussi immenses qu'un ciel constellé. « Ne parlez pas. » Elle chuchotait. La nuit était obscure, beaucoup trop. Un instant il fut pris de panique en songeant qu'il était aveugle. Les Anglais étaient là, dans le silence et la nuit. Il sentait leur odeur comme on sent les bêtes endormies dans la tiédeur des étables.

Après avoir franchi les remparts, ils s'attaquaient à l'abbaye. Les pierres tombaient. Le châtelet était pris, le grand degré intérieur envahi. Plus haut, le chœur s'écroulait avec fracas. Des ombres gigantesques, dérangées par la guerre, surgissaient des murs et volaient autour du clocher toujours intact.

Une vague rouge submergeait l'île. « Le murex », répétait l'abbé. Le murex ou le sang, quelle différence ?

Il descendait un escalier interminable vers les profondeurs du Mont, les bras tendus dans les ténèbres. Une lueur, bientôt. Puis des vapeurs rousses suffocantes. Il continuait tout de même, de plus en plus bas, dans le froid malgré le feu. C'était le repaire, le lieu secret, hors d'atteinte, le cœur interdit qu'il cherchait depuis si longtemps. Dans sa main, l'épée était si lourde qu'il avait du mal à la tenir. Et, soudain, une ombre.

Il cria. Cette fois, son appel résonna. Presque aussitôt, le bronze étouffa sa voix. La cloche de l'abbaye sonnait le tocsin. On entendait l'alarme au loin, en pleine mer. Les lentes vibrations l'apaisaient. Il ne souffrait plus, il sombrait. Son lit avait la tiède douceur d'une mer au soleil. Des voix le berçaient. Il les avait entendues, ces voix, assez puissantes pour traverser les murs et franchir les mers. « N'écoutez pas, suppliait Héloïse. Ce sont des mensonges. Les statues ne savent pas chanter, tout juste pleurer des larmes de pierre. » Comme il ne comprenait pas ce qu'elle voulait dire, et secouait la tête à la manière d'un cheval rétif, elle se mit à rire. Elle avait un joli rire, frais, moqueur, blessant parfois comme le tranchant d'une lame.

De nouveau, tout tournait autour de lui, les yeux, les braises, les étoiles. Et ce goût de miel dans sa bouche, le sucre mêlé au venin. Il avalait malgré tout. Près de lui, d'autres gémissaient : les blessés, les agonisants, peut-être. On le réclamait, là-haut, sur les murs dressés au péril de la mer. Le monstre était revenu. Ce n'était pas la peur qui le tenait englué à son lit, un sable saturé de mer. De quel droit ? Il était Louis d'Estouteville, l'ultime défenseur, le capitaine du roi, le serviteur de Dieu. Les maléfices l'éclaboussaient sans ronger son armure.

Il pouvait dormir, à présent. Dormir et oublier.

18

À la lueur des chandelles, les trois visages penchés sur lui faisaient penser à des spectres. Au deuxième plan, la salle était saturée d'odeurs aigres mêlées à celle du bois brûlé. Les flammes d'une cheminée faisaient danser les ombres sur les murs. Un courant d'air, refoulant la fumée, lui irritait la gorge. « Toux de vieillard », enragea-t-il.

Jean, Yvon, Amaury, il identifia mentalement les spectres.

– Où sommes-nous ?

Nul besoin de réponse pour identifier l'infirmerie, ses relents de sueur et de fièvre.

– Depuis quand ?

C'était cela qui lui importait.

– Quatre jours, seigneur, répondit Yvon.

Quatre ! Les joues colorées, le regard vif et le sourire radieux, le jeune chevalier avait apparemment recouvré la santé. Son énergie fit mesurer au capitaine sa propre faiblesse. Que faisait-il à sa place, sur cette paillasse puante ? Son orgueil le dissuada de les questionner davantage. Tandis qu'il tentait de rassembler ses souvenirs, le Saxon lui vint en aide.

– Vous nous avez fait peur, seigneur.

– Peur, vraiment ?

– Une fièvre maligne vous dévorait, elle empirait d'heure en heure. Frère Herbert en perdait son latin !

– Maligne ?

– C'est ce qu'on nous a dit.

Le capitaine se redressa au prix d'un effort douloureux.

– Qui m'a attaqué ?

Les trois chevaliers échangèrent des regards déroutés, puis Amaury annonça sur un ton de regret :

– On vous a trouvé là-haut, sur le sol. Vous étiez inconscient.

Louis revit la scène : les deux lanternes, la pèlerine, le coup mystérieux qui l'avait terrassé.

– Les espions, vous les avez attrapés ?

Le Saxon secoua la tête.

– Il y avait une ombre, au pied des remparts. Les archers l'ont prise pour cible, sans réfléchir.

– Fallait-il réfléchir ? grommela Louis.

– Dame, ce pouvait être un pêcheur ou un passeur.

– Vous les avez laissés filer ?

– Des hommes se sont lancés à sa poursuite, mais la marée montait, ils ont dû regagner l'île, plaida l'officier. Un rôdeur, peut-être, il y en a constamment, vous le savez.

– Je ne parle pas de celui-là, le coupa Louis avec impatience. Il y en avait d'autres, au sommet du mur, des espions. Et aussi une corde, oui, une corde.

– Pas de corde ni d'espions, soupira Jean. Juste les débris d'une lanterne. On a pensé…

– Quoi ? Qu'as-tu pensé ? Parle !

Le capitaine essuya son front transpirant. Maudite faiblesse ! Les autres devaient croire qu'il divaguait. Il poursuivit avec plus de sang-froid :

– Je le tenais quand son complice m'a frappé par-derrière.

Il se frotta la nuque, surpris de ne trouver ni bosse ni blessure.

– Vous n'avez rien découvert sur le mur ?

– Du verre brisé.

– Cet homme, une force incroyable !

– C'est peut-être mon géant de pierre ! s'exclama Yvon.

Le regard d'Amaury se teinta d'ironie.

– Ta statue qui marche ?

– Je ne suis pas seul à l'avoir vue, rétorqua Yvon.

– Vous avez déliré pendant quatre jours, reprit le Saxon. Nous avons veillé à tour de rôle.

– Qu'est-ce que j'ai dit ?

Les trois hommes échangèrent un regard.

– Dans mon délire, qu'est-ce que j'ai dit ? insista le capitaine.

Le Saxon se racla la gorge.

– Il était question de femmes : Lucie, Héloïse.

– C'est tout ? grommela Louis, impatient de changer de sujet.

– Non, vous parliez aussi de la guerre : les Anglais, des machines, des tours d'assaut, le feu...

– Il y a eu une attaque ? s'inquiéta le capitaine.

– Aucune, seigneur, le rassura Jean Setier. Des souvenirs anciens, sans doute.

– Quels souvenirs ?

– À vous de nous le dire. Ici, les Anglais sont toujours invisibles. On dirait qu'ils se sont retirés.

Yvon fit le geste de balayer un rivage imaginaire.

– Comme la mer.

– Méfiez-vous de la marée basse, justement. L'ennemi peut revenir en force au moment où l'on s'y attend le moins.

L'officier prit l'air méprisant.

– Qu'ils viennent ! Nous saurons les recevoir.

Ses compagnons acquiescèrent en riant, puis Yvon se frappa dans les mains comme si un détail important lui revenait à l'esprit.

– L'abbé Richard a fait dire des prières pour votre guérison. Il s'est inquiété de savoir si nous avions remarqué une marque rouge sur vous, comme celle des autres. Il n'y en avait aucune.

– Le diable n'a pas eu le temps de signer son crime ! dit le Saxon.

L'ironie était sans doute involontaire, mais Louis en fut ulcéré, d'autant qu'Amaury crut bon d'ajouter :

– Votre fièvre, c'est elle qui vous a terrassé.

– Et c'est elle, sans doute, qui m'a asséné un coup derrière la tête ?

Il se leva. Le voyant vaciller, Yvon esquissa le geste de le soutenir. Un regard sévère le tint à distance.

– Mes habits ! ordonna le capitaine.

Il se débarrassa de sa chemise malodorante et endossa sa tunique et ses chausses, puis il ceignit son épée. Il songeait qu'il trouverait de l'eau chaude à l'auberge pour se laver quand, lisant dans ses pensées, Amaury lui apprit qu'Héloïse était venue lui rendre visite à trois reprises.

– Qui lui a permis d'approcher ? demanda le capitaine d'un ton rogue.

– Pas nous : frère Herbert. Elle apportait des drogues. Il a dit…

Louis cessa d'écouter leurs bavardages. La pensée que cette fille l'avait entendu délirer l'humiliait. En même temps, ses souvenirs se précisaient : son ennemi si frêle, si facile à maîtriser, son cri, son odeur… Héloïse ? C'était une idée folle, pourtant…

– Allez la chercher !

Comme ils ne comprenaient pas, il gronda :

– Héloïse ! Tout de suite, dans la salle de justice.

19

Encadrée de gardes du corps et impressionnée par le décor grandiose de la salle de Belle-Chaise, Héloïse courba la tête. Louis nota avec satisfaction qu'elle n'avait pas eu le temps de s'apprêter. Ses cheveux étaient détachés, ses boucles en désordre ; sa robe délacée laissait voir sa chemise, et ses pieds étaient nus. « Pas si belle », songea-t-il avec un mélange de surprise et de regret. Pourtant son allure sauvage lui allait bien. Elle leva les yeux et, sans le paraître, il fut touché par son désarroi.

D'un geste sec, il congédia les chevaliers.

– Laissez-nous !

L'un des gardes obéit, l'autre hésita.

– Son père…

– Eh bien, son père ?

– Il est ici, seigneur. Il exige d'assister à l'entrevue.

Le visage du capitaine se crispa.

– Il exige ? Pas question ! Qu'il rentre chez lui !

Au lieu de protester, Héloïse parut soulagée. Leur tête-à-tête ne lui déplaisait pas, et il la soupçonna aussitôt de vouloir user de ses charmes pour l'amadouer.

Pas cette fois ! Tandis que ses chevaliers refermaient la porte, il lui tourna le dos et gagna la fenêtre. Un long moment il contempla la baie, jugeant le silence propice à ce qu'il voulait exiger d'elle.

– Je constate avec plaisir que vous êtes guéri, seigneur.

Il se retourna brusquement, désagréablement surpris par son accent maternel. Pour qui se prenait-elle ? Pâle, amaigri, le dos voûté, il ne ressemblait guère au vaillant chef de guerre qui inspirait la crainte et le respect. Et la conscience de sa vulnérabilité ne l'inclinait guère à l'indulgence.

– Tes drogues m'ont abruti, dit-il avec rancune.

Elle fit la moue.

– Les infusions d'anémone et d'armoise ?

– Qui t'a permis ?

– Frère Herbert, c'est lui qui m'a appelée. Votre fièvre l'inquiétait.

– Ces plantes, d'où viennent-elles ?

– Des abbayes.

– Quelles abbayes ?

– Mon père les fait venir de Bretagne et d'Aquitaine. Séchées, elles ont moins de vertus que les fleurs fraîches.

Elle rejeta ses cheveux en arrière d'un geste gracieux. Voyant qu'elle prenait de l'assurance, il l'interrompit brusquement.

– Ce n'est pas pour cueillir des fleurs que je t'ai fait venir. Que faisais-tu, la nuit, sur les remparts ?

Elle pâlit et murmura d'une voix altérée :

– Quelle nuit, seigneur ?

– Tu sais très bien de quoi je parle ! La nuit où l'on m'a assommé.

Elle secoua la tête avec énergie, incapable d'abord de prononcer une parole, puis elle s'écria :

– Moi ? Non ! Je ne savais même pas qu'on vous avait fait du mal. On vous aura menti !

– C'est toi qui mens !

Il fit trois pas menaçants, et elle recula, effrayée.

– À quoi servait ta corde ? Et tes signaux ? Qui était cet homme ? Parle !

– Un homme, seigneur ?

Elle fondit en larmes et se lança dans une protestation entrecoupée de sanglots.

– Je ne vais jamais sur les remparts, surtout la nuit, j'ai bien trop peur, depuis…

– Quelqu'un te répondait, depuis le rivage, ne prétends pas le contraire, je vous ai vus. Toi, je t'ai saisie, c'était toi. Toi et tes complices !

Sous le choc de ses accusations, elle s'agenouilla, les mains sur les oreilles, comme si elle refusait d'entendre ses paroles.

Il se frotta la nuque avant de poursuivre :

– L'île est en danger. La trahison est un crime. Tu pourrais être pendue, pire : enterrée vivante, comme le font nos ennemis, le sais-tu ? Cet homme, c'était un Anglais.

Elle se contenta de secouer la tête avec accablement.

– Tu mens ! Chaque fois que je t'interroge, je lis la fausseté dans tes yeux. Tu joues un jeu dangereux, Héloïse.

Il n'aurait pas dû prononcer son nom, ce nom si doux. Au même instant, un moine fit diversion en pénétrant dans la salle. Il s'arrêta à la vue du capitaine et de la fille en pleurs agenouillée.

– Laissez-nous, pria Louis d'un ton plus amène.

Le moine s'exécuta. Quand il fut parti, Louis tendit la main. Cette main, la jeune fille eut peur de la saisir. Alors, il se pencha, lui prit le poignet et la força à se relever.

– Ces drogues, tu prétends qu'elles m'ont guéri ? J'ai encore leur goût amer dans la bouche.

– Ce n'était pas du poison, messire.

Les jolies lignes de sa bouche dessinèrent un sourire timide.

– Le seul poison, c'est le mensonge !

Il se rendit compte qu'il gardait sa main dans la sienne et s'en libéra comme s'il s'était brûlé. Malgré sa résolution, il succombait une nouvelle fois à son charme. Sa lassitude n'était qu'un prétexte, en sa présence il était toujours désarmé. Elle se pencha pour ramasser un ruban détaché de son corsage. Le regard de Louis plongea, par l'échancrure de sa chemise, vers une gorge ronde, fraîche, troublante, pas si innocente. Sorcière !

Abandonnant la fille au milieu de la salle, il revint à la fenêtre. Au bout d'un moment, il poursuivit d'une voix sourde, sans se retourner :

– J'ignore ce que je vais faire de toi : t'emprisonner, t'expulser de l'île, peut-être.

Il guettait son reflet dans la vitre : elle se tordait les mains, et sa frayeur n'était pas feinte.

– Je n'ai rien fait de mal !

Sa voix plaintive allait l'attendrir quand elle eut l'imprudence d'ajouter :

– C'est peut-être le délire, vos rêves, vous prononciez mon nom.

– Tais-toi ! ordonna-t-il.

Elle obéit. Sa lèvre gonflée lui donnait un air d'enfant boudeur. Il appuya son front à la fenêtre. Le verre déformait le paysage comme les visions de ses cauchemars. La mer, la blancheur du sable, le vol lent des oiseaux, toute cette sérénité était un leurre. Il crut voir apparaître un visage monstrueux. L'image ne dura qu'une fraction de seconde, le temps d'une hallucination ou d'un souvenir.

– Que sais-tu du monstre ?

– J'en ai peur.

Elle frissonna, les bras noués autour du corps.

– Alors, tu seras soulagée de partir loin d'ici.

– Je n'ai nulle part où aller, gémit-elle.

– Ce monastère, celui où tu as été élevée.

– Sainte-Marie ? Il a brûlé. Les sœurs ont été dispersées. Je n'ai plus personne.

Au fond, il espérait qu'elle dirait cela. Il ne supportait pas l'idée de la perdre. Au lieu de l'inquiéter, cet attachement lui sembla naturel. Ne devait-il pas la protéger comme tous ceux de l'île ? Pour donner le change, il grogna :

– Allons !

Il marcha vers la porte en prenant soin d'éviter son regard. Le bruit de ses pieds nus lui confirma qu'elle le suivait. Dehors, ses hommes attendaient son retour. Leur nombre l'agaça. Cette façon de le traiter en infirme après quatre jours de délire ! Pour rétablir son autorité, il aboya des ordres : corvées, patrouilles extérieures, inspection des défenses, évaluation des provisions.

La fille attendait, docile. Elle l'accompagna sur la pente, pensant, résignée, qu'il allait la jeter dans un des caveaux de l'abbaye. Mais tout valait mieux que l'exil.

Il gagna la Grande Rue et entra dans l'auberge. Elle ne savait pas si elle devait s'en réjouir. Desgrées, lui, salua bruyamment leur arrivée, son visage rude arborant l'expression matoise qu'il prenait avec ses compères bretons.

– Vous voici guéri, seigneur capitaine, Dieu soit loué ! Le vent des fièvres souffle sur la baie. Deux de mes hôtes en sont victimes.

Il porta un regard sans indulgence sur Héloïse qui frottait ses pieds nus égratignés par les ronces.

– Va t'habiller !

– Surveille mieux ta fille, conseilla Louis.

– C'est ce que je fais, grommela l'aubergiste. Mais ces garces vous glissent entre les doigts comme les escarelles dans un torrent.

– Elle ne devrait pas sortir de chez toi, surtout la nuit.

– Je le lui ai permis pour vous donner des soins, messire, on vous disait en danger. Les sœurs lui ont enseigné l'art de guérir, c'est tout ce qu'elle sait faire.

En disant cela, Desgrées lui avança une chaise. Le capitaine s'assit instinctivement. Après l'effort qu'il venait de fournir, il se sentait éreinté. L'auberge était déserte, à l'exception d'un pèlerin silencieux et d'Atlas pétrifié à côté de la statue de saint Michel. Le valet s'anima lorsque son maître lui ordonna d'allumer le feu. Héloïse avait disparu, soulagée sans doute de s'en tirer à si bon compte.

La fatigue aidant, la vie était plus lente. Desgrées disposa lui-même sur leur table un ragoût de viande épicé et un pichet de vin adouci de miel. Il s'installa en face du capitaine sans toucher aux mets. Après quatre jours d'abstinence, Louis n'était pas en état de refuser un repas servi de si bon gré.

Tout en le regardant manger de bel appétit, l'aubergiste évoqua d'une voix anxieuse les drames récents : la mort de Michel Carrouges, le supplice de frère Aubain et la chute du lion de Jolivet. Le capitaine remarqua qu'il ne faisait aucune allusion à l'agression dont il venait d'être victime. On aurait dit qu'il avait inventé l'incident des remparts au cours de son délire. Desgrées cherchait-il à protéger sa fille ?

Louis allait lui faire part de ses soupçons quand l'aubergiste se pencha vers lui et lui confia à mi-voix :

– Tout cela fait partie du complot ourdi par Jolivet.

Le capitaine haussa les épaules.

– L'abbé n'a rien d'un fanatique, encore moins d'un assassin. Il a choisi le parti anglais par conviction.

– Par intérêt, rectifia Desgrées. Croyez-moi, il n'a pas renoncé à reconquérir l'abbaye, la plus riche de Normandie. Sacrée proie !

– Jadis, peut-être. Aujourd'hui, elle survit grâce aux pèlerinages, aux charités des uns et des autres.

– Cette charité nous coûte cher, grogna l'aubergiste.

« Elle t'enrichit aussi », songea Louis.

– L'abbé est parti, mais il a laissé ici certains de ses fidèles. Ce sont eux qui sèment la terreur pour nous contraindre à la reddition.

Cette hypothèse, le capitaine l'avait envisagée. Il examina Desgrées avec plus d'attention. Sous ses airs frustes, l'homme était habile. Ses yeux rusés, d'un blanc veiné de rouge, l'observaient pour mesurer l'effet de ses paroles. Louis prit le temps d'avaler une bouchée de ragoût aux saveurs de gibier et de boire une lampée de vin avant de continuer.

– Je ne crois pas au complot de nos ennemis, même si la peur qui s'installe sert leurs intérêts. Il y a un monstre en liberté qui frappe au hasard, une sorte de bête diabolique. Tant que nous ne l'aurons pas débusquée, elle continuera à nous harceler, mais son pouvoir faiblit. Je vais la prendre au piège. C'est une question de jours, d'heures, peut-être.

– Vous semblez très confiant, ironisa Desgrées. Vous l'étiez déjà en capturant l'Archiprêtre.

– C'est vrai, reconnut le capitaine. Josserand méritait son sort, mais il était incapable d'imaginer ces spectacles. Derrière la bestialité des massacres il y a une intelligence.

– Diabolique, une intelligence diabolique, murmura Desgrées, soudain pensif. Peut-être plusieurs.

Louis songea à la scène des remparts. Il aurait fallu évoquer les deux espions, les lanternes, son évanouissement. Il était trop fatigué. Tout en parlant, il avait avalé le contenu, pourtant copieux, de la marmite, et bu le pichet de vin jusqu'à sa dernière goutte. Une agréable somnolence s'emparait de lui.

Observant la salle, il remarqua deux chevaliers assis près de l'entrée, envoyés sans doute par le Saxon pour veiller sur lui. Prévenance ou méfiance ? Dans les deux cas, l'initiative lui déplut. Il se leva lourdement et annonça qu'il allait dormir.

– La toiture est réparée et votre lit est tout neuf, s'empressa Desgrées.

Dormir ici, oui, songea Louis avec reconnaissance. Il avait besoin de chaleur et de silence.

20

Le plancher était tiède, et la paillasse, fraîchement garnie, sentait l'herbe coupée, le parfum des prairies normandes. Même l'odeur de fumée, qui s'insinuait entre les planches et lui piquait la gorge, semblait familière. Pourtant, malgré ces sensations agréables, une pensée troublait Louis. Elle affectait son rêve.

Il était à bord du *Trident*, un navire du roi, au large du Cotentin. La mer était calme, presque inerte. Le brouillard effaçait le ciel et l'eau, transformant le voilier en fantôme. Il étouffait les sons, jusqu'au claquement des cordages et au tintement de la cloche de brume.

Au bout d'un moment, une forme indistincte surgit de la mer. Elle se matérialisa. Le plancher craqua. La perception du danger tira le capitaine de sa somnolence. Quelqu'un s'avançait vers son lit. C'était bien son lit, et sa chambre sous les toits de l'auberge. À la clarté de la lune, il distingua une silhouette claire. Il chercha sa dague à tâtons, l'empoigna, la délivra de sa gaine d'une brusque secousse, puis il bondit, saisit l'intrus et le renversa sur le lit, son fer sur la gorge.

Le cri étranglé et la légèreté de l'assaillant le renseignèrent. Abandonnant son arme, d'une main il le maintint, de l'autre il saisit son briquet, le battit et alluma sa chandelle.

– Héloïse ? Que fais-tu ici ?

Il repoussa la fille et l'examina d'un air soupçonneux tandis que, les mains sur sa gorge et les yeux pleins de larmes, elle tentait de reprendre sa respiration.

– Folle ! J'aurais pu…

Il fronça les sourcils.

– Qui t'envoie, à cette heure ?

Ce devait être le milieu de la nuit. La jeune fille était seule, l'auberge silencieuse, hormis le râle douloureux de l'imprudente. Peu à peu elle reprit son souffle et essuya ses larmes, puis elle toussa, les mains sur les lèvres. Louis regarda avec intérêt les longs cheveux défaits au creux des reins et la courte chemise blanche. Son poignet s'ornait d'un mince bracelet végétal. C'était tout ce qu'elle portait, et il fut envahi d'un brusque désir.

Elle lut dans ses yeux toute cette violence. À trois pas du lit, elle glissa les mains sous les bretelles du vêtement de toile et dégagea ses épaules d'un mouvement gracieux. La chemise glissant le long de son corps lui offrit la vision fugitive de seins blancs, à peine teintés de rose, de hanches minces et d'un ventre blond. Aussitôt, elle se précipita sur lui et, dans l'élan qui les renversait, elle souffla la chandelle.

La douceur et l'odeur de son corps le submergèrent. Il maudit l'obscurité qui le privait du reste. Comme elle s'accrochait à lui de toutes ses forces, il détacha ses mains, la plaqua sur la paillasse et pesa sur elle avec brutalité. Le souvenir des filles qu'il avait possédées lui vint instinctivement à l'esprit. Aucune, pas même Lucie, n'avait sa beauté radieuse. De sa façon de s'offrir et de gémir, il déduisit qu'on l'avait déjà initiée. Tandis qu'il la pénétrait, ses plaintes exprimaient le plaisir plus que la douleur. Certes, elle n'était pas pucelle, cependant la fraîcheur de son haleine, le goût sucré de sa bouche, la rondeur ferme de ses petits seins, la douceur de son ventre, la peau soyeuse de ses cuisses et l'étroitesse de sa fleur semblaient intacts. Et la ferveur avec laquelle elle chuchotait son nom au plus fort de sa jouissance tempéra bientôt sa brutalité. Il la prit à quatre reprises, au cours du reste de la nuit, chaque fois avec plus de douceur. Elle s'endormit soudain contre lui, transpirante, leurs corps collés l'un à l'autre, le sien si léger.

Une heure avant l'aube, il ralluma la chandelle et la repoussa sans la réveiller pour la contempler. Son visage et ses seins disparaissaient sous un fouillis de cheveux blonds. Il admira le dessin parfait des fesses délicieusement marquées de deux fossettes. Lorsqu'il lui écarta les jambes, elle balbutia une protestation sans ouvrir les yeux. Il souffla la chandelle et s'endormit à son tour.

À son réveil, elle n'était plus là. Sa chemise avait disparu. Seule l'odeur qui imprégnait le lit lui prouva qu'il n'avait pas rêvé. En inspectant la toile, il ne découvrit aucune trace de sang, seulement le petit lacis végétal qui ornait son poignet, et qu'il la soupçonna d'avoir oublié volontairement pour le troubler. Ce calcul n'était pas le souvenir qu'il conservait d'elle, mais celui d'une brûlure sous une douceur exquise. Elle lui manquait déjà.

Il avait imposé sa volonté à toutes celles qu'il avait aimées. À Héloïse, son corps obéissait déjà. Une fille d'auberge ! Il lui en voulait. Il se mit à rire, un rire de bonne humeur. Après une nuit de plaisir, il aurait dû être épuisé. Or, il se sentait en état d'affronter toute une armée. Plongé dans le baquet d'eau glacée préparé la veille selon son exigence, il songea que la fille possédait des remèdes vraiment miraculeux.

Après s'être essuyé à la toile du lit, il s'habilla, ceignit son épée, et remit sa dague au fourreau. Le jour se levait, un matin gris et froid de plein hiver. Il rêvait d'une autre nuit passionnée. La revoir, vite, demain, le plus tôt possible. Il ne réalisa le risque qu'il venait de prendre qu'en descendant l'échelle du grenier, puis l'escalier de bois. Dans la pénombre de la salle d'hôtes, il se trouva face à Desgrées et à Tristan, armés, le premier d'une fourche, le deuxième d'une lourde hache. Leur expression farouche ne laissait aucun doute sur leurs intentions. Louis se dit qu'il était tombé dans un piège : il avait séduit Héloïse, et d'une manière ou d'une autre il allait devoir payer son imprudence. Desgrées était homme à exiger le prix fort au terme de ses marchandages. Déjà, ses allusions à peine voilées à une compromission du capitaine avec les Bourguignons laissaient prévoir un chantage. Maintenant, l'argument de l'aubergiste risquait de peser plus lourd : Louis avait déshonoré sa fille, au mépris des règles de l'île et des lois de la chevalerie.

Cependant, s'il croyait tenir à sa merci un seigneur d'Estouteville, c'était mal le connaître. Certes, ses chevaliers n'étaient plus là pour veiller sur lui, mais les deux brutes ne l'impressionnaient pas. Desgrées était lourd. Il se débarrasserait de lui d'abord. Tristan, doté d'une vigueur peu commune, était maladroit. Louis tira son épée et attendit leur assaut, le sourire aux lèvres.

– Que se passe-t-il, messieurs ? Vous partez en campagne ?

– Je ne me laisserai pas faire ! s'écria l'aubergiste.

En écho à la fureur de son maître, Tristan émit un grondement de chien dressé à l'attaque. Le capitaine fouetta l'air de sa lame d'un geste négligent.

– Explique-toi ! exigea-t-il.

Desgrées pointa les dents de fer de sa fourche.

– On ne m'insulte pas impunément !

– Où est l'insulte ? railla le capitaine.

« Baiser ta fille est un honneur, pas un affront ! » songea-t-il. Il s'attendait à un assaut, mais, au lieu de bondir sur lui, Desgrées s'éloigna à grands pas en fulminant.

– Ici, elle est ici, l'insulte ! Voyez vous-même !

Il ouvrit la porte de l'auberge et désigna une grande croix rouge tracée sur le chêne.

– C'est bien la couleur de nos victimes, pas vrai ?

Réalisant sa méprise, le capitaine examina la croix. Aucun doute : c'était de la pourpre. Mais pourquoi menacer ainsi l'aubergiste ?

Desgrées, son arme brandie vers la cité, se mit à hurler :

– Vous croyez m'épouvanter ? Essayez un peu pour voir. On ne me chassera pas, moi. Je serai le dernier, ici, le dernier défenseur quand tous seront partis !

– Cette croix ne prouve rien, dit Louis, rassurant. Ce n'est peut-être qu'une farce de mauvais goût.

– Une farce, sangdieu ! sacra l'aubergiste. Une farce comme celles de Gilles, d'Aubain et d'Augustin ?

Il s'adressa à Tristan.

– Nettoie cette immondice !

Le valet déposa sa hache et s'empressa d'obéir. Le capitaine l'entendit gratter vigoureusement le bois. Revenu dans la salle, il songeait que la croix le désignait peut-être, lui. Le diable savait qu'il était là. Il l'avertissait : je t'atteindrai où que tu sois. Puis il chassa cette pensée. Le souvenir de sa nuit l'envahit de nouveau. Où était-elle ? Dans sa chambre, sans doute. Habillée ? Endormie ? Il se plut à l'imaginer lasse, ivre de volupté.

– Qu'allez-vous faire ?

La question de l'aubergiste le prit au dépourvu. Il mit un temps à comprendre qu'il ne faisait pas allusion à sa fille. Peut-être n'était-il même pas au courant de l'aventure. Il pensait à sa sécurité.

– Je viendrai toutes les nuits.

La promesse lui était venue aux lèvres spontanément. Il s'avisa ensuite ce qu'elle pouvait avoir d'ironique. Cependant Desgrées émit un grognement approbateur, et, comme si l'épée de son hôte le rassurait, il déposa sa fourche et suggéra :

– Vous devez avoir faim, messire.

Louis fit un geste de refus.

– Mes gens m'attendent. Je dirai aux archers de veiller sur ta maison.

– Et mes gens à moi, qui veillera sur eux ? grommela Desgrées. Je parle de mes pêcheurs, de mes hortolans de la baie, de mes fournisseurs de Bretagne, tous ceux qui remplissent les fanils.

Il expédia un jet de salive dans la cendre de l'âtre et ajouta :

– Maudits Anglais !

Ceux qui forçaient le blocus pour ravitailler l'île étaient à ses ordres. « Tout un peuple de l'ombre sur lequel il règne. » L'idée amusa le capitaine. Il reprit aussitôt son sérieux : l'heure était grave. Le meurtrier n'hésitait pas à marquer les maisons à la barbe des soldats du guet. Des espions communiquaient au mépris des patrouilles. Héloïse ? Si elle s'était donnée à lui pour écarter ses soupçons ? Il partit en s'interdisant de lancer un regard vers sa fenêtre. Le temps des fièvres était révolu.

21

Devant le corps de garde de la tour du Roy, ses hommes s'empressèrent, la plupart chaleureux, deux ou trois réservés, le Saxon franchement réprobateur.

– Que se passe-t-il à l'auberge ?

– On a menacé Desgrées.

– Qui ça ?

Le capitaine fit un geste évasif signifiant qu'il ne prenait pas l'avertissement au sérieux.

– Sa porte est marquée d'une croix rouge, comme les victimes.

– Et la fille ? Vous la soupçonniez d'être complice des Anglais.

– Ai-je dit cela ?

– Pourquoi l'avoir arrêtée ?

Un regard sévère réduisit l'officier au silence. Le maître de la garnison n'était pas accoutumé à voir contester ses décisions et à devoir justifier sa conduite.

– Les armes ? demanda-t-il d'un ton bref.

– Tout a été révisé, comme vous l'avez ordonné, précisa le lieutenant. Les épées et les cottes de mailles sont huilées, les boucliers renforcés, les catapultes réglées et recouvertes, les canons nettoyés, la poudre à l'abri de la pluie.

Louis réprima un sourire : impossible de prendre le Saxon en défaut.

– Je veux une visite complète de toutes les maisons de l'île, exigea-t-il.

– Nous l'avons déjà organisée, fit remarquer Jean Setier.

– Recommencez.

– Bien, mon seigneur.

Le capitaine ne trouva pas trace d'ironie dans le ton respectueux de l'officier. Quant aux chevaliers, loin de se sentir offensés par une mission qui aurait mieux convenu à de simples sergents, ils se répartirent par groupes de trois et fouillèrent l'île jusqu'à la nuit tombée avec un zèle rassurant. Ils ne découvrirent rien d'anormal. Louis n'en fut pas surpris. Cette activité avait le mérite de mobiliser ses hommes et de lui permettre de réfléchir sans subir de questions auxquelles il ne pouvait pas répondre. La vie devait recommencer sans céder à la peur ni à la négligence. Pour donner l'exemple, dès le lendemain, il décida d'explorer le rivage et d'inspecter les fortifications extérieures.

Il se rendit à l'écurie. Le bâtiment de bois servait aussi de bergerie. Il abritait huit chevaux, un mulet et un troupeau de moutons. Tristan se trouvait là, appliqué à brosser les chevaux avec une étonnante douceur. Il s'interrompit en voyant entrer le capitaine. Louis décrocha sa selle. Aussitôt, Ardent s'agita. Son maître ne l'avait plus monté depuis des mois.

– Doucement !

Le cheval le bousculait. Tristan riait, découvrant de longues dents ébréchées, semblables à celles du coursier, et cette joie d'enfant faisait oublier son masque hideux.

Après avoir sellé Ardent, le capitaine le conduisit par la bride devant la porte du Roy, et ordonna de lever la herse et d'abaisser le pont-levis. Comme il s'y attendait, Jean Setier accourut.

– Vous ne voulez pas…

– Non !

Il ne voulait pas d'escorte. La mer était à marée basse. Une fois sur le sable sec, le cheval, ivre de vent et de liberté, prit son galop. Le capitaine fit le tour de l'île, observant les murs et admirant une fois encore la solidité des défenses érigées par les abbés successifs. Du haut des remparts, ses chevaliers le suivaient des yeux. Certains agitaient la main. Louis sourit en voyant flotter ses couleurs, le lion noir couronné d'or, au sommet des tours. Il les salua pour les remercier de l'hommage.

Le soleil de mars était anormalement chaud. Au loin, la mer n'était qu'un long lac d'argent d'une extrémité de la baie à l'autre. Il chevaucha pendant une heure, de l'eau à l'herbe du rivage, puis mit son cheval au pas et se prit à rêver. Il avait dormi dans son logis solitaire pour se convaincre qu'il pouvait se passer d'Héloïse. Le souvenir de leurs étreintes l'avait tenu longtemps éveillé. Quel sort allait-il lui réserver ? Il avait envisagé de la renvoyer ; à présent il n'y pensait plus. On étanche la soif en buvant, disait Gilles de Rais auprès duquel il avait combattu. Le maréchal parlait du sang versé au combat. Louis, lui, appliquait la sentence à Héloïse. Il avait soif de son corps, de ses lèvres, de son souffle haletant, de ses murmures, et cette soif, il ne pouvait l'assouvir sans elle. Une nuit entière dans sa tour, c'était déjà trop.

N'avait-il pas promis à Desgrées de loger sous son toit pour le protéger ? Son désir prenait soudain l'urgence d'un devoir. Que diraient ses gens devant sa conduite ? Ils n'en sauraient rien ou feraient semblant de l'ignorer. Du reste, il se souciait peu de leur opinion. N'était-il pas le maître ?

Si la fille devait appartenir à un homme, c'était à lui, par privilège de haute noblesse.

Il arrêta sa monture et contempla le Mont-Saint-Michel, masse sombre dressée sur la pâleur de la plage. Pas un bruit, pas même une rumeur en dehors de la mer lointaine. Une paix profonde régnait sur l'île. Comment imaginer que cette cité divine, ce miracle de pierre élevé à la gloire du Seigneur, pût être la proie du diable ? Pourtant le mal était là, il rôdait, répandant ses croix rouges et ses coulées de sang.

Pendant qu'il songeait aux crimes, il lui sembla apercevoir une ombre sur les toits. Elle se matérialisa, grandit, puis disparut, si prompte qu'il crut avoir rêvé.

Il se pencha sur le cou du cheval et caressa son flanc frémissant.

– Si on partait, toi et moi, rejoindre le roi notre cousin à Bourges ? Qu'en dis-tu, mon beau coursier ?

Pour la première fois, depuis des années, l'envie le tenaillait d'abandonner son île et de se mêler aux grands capitaines du royaume de France. Après avoir servi Jeanne, enhardis, ils se lançaient maintenant à la reconquête de Paris.

D'abord, la pensée d'Héloïse le retint. Il se reprocha aussitôt cette tentation comme une lâcheté, et demanda mentalement pardon à saint Michel de préférer son plaisir égoïste à sa gloire.

Plongé dans ses pensées, il n'avait pas remarqué que le rivage désert s'était animé. Une troupe s'avançait en direction de l'île. On ne distinguait pas très bien la petite armée à cause de la brume qui émanait du sable tiède. Des piétons, pas des cavaliers. Louis poussa prudemment son cheval. Au cours des années précédentes, les archers anglais avaient failli le surprendre tandis qu'il chevauchait entre deux marées. Il n'avait dû son salut qu'à la rapidité d'Ardent, un nom prédestiné.

Cependant, la troupe qui venait n'était pas armée. Dès qu'il put la voir, il l'évalua à une soixantaine d'hommes, de femmes et d'enfants. Celui qui marchait en tête brandissait une lourde croix de bois.

À l'approche du cavalier, les marcheurs entonnèrent un cantique. Des pèlerins. Inoffensifs, mais exceptionnellement nombreux. En les rejoignant, il découvrit, derrière les chapes brunes, des individus en haillons. C'étaient des réfugiés. Louis les plaignait et les redoutait. Ces gens fuyaient les champs de bataille, leurs maisons et leurs champs détruits par les hordes de Charles VII et de Henri VI. Entre les rois ennemis, ces misérables ne faisaient guère de différence. Le Mont-Saint-Michel leur donnait habituellement asile. Mais avec le siège, ces nouvelles bouches à nourrir posaient de graves problèmes. Louis n'avait pas exilé les femmes et les enfants de l'abbaye, puis de la cité, pour en admettre d'autres quand la communauté religieuse et la garnison avaient du mal à se nourrir.

– Je suis le capitaine Louis d'Estouteville, annonça-t-il.

Le porteur de croix planta son fardeau dans le sable et rejeta sa chape en arrière, révélant de flamboyants cheveux roux.

– Moi, Thierry de la Motte.

Le capitaine le dévisagea avec curiosité.

– De la Motte…

– Le frère de Garin, l'un de vos preux chevaliers, dit le pèlerin enthousiaste.

Il tendit la main et Louis la serra avec chaleur. Cette stature et cette chevelure : aucun doute sur leur parenté.

Le capitaine changea d'humeur en constatant que la troupe était beaucoup plus nombreuse que prévu : cent, au moins, peut-être davantage. Cependant, les misérables avaient fait une longue marche et ils semblaient exténués. Il ne jugea pas opportun de les décevoir au moment où ils se croyaient saufs.

Il se pencha, saisit un enfant à bout de force et le hissa en selle devant lui. Puis il revint au galop vers la cité pour la plus grande joie du petit. Les trompettes le saluèrent. Le pont était abaissé, les portes ouvertes, la herse relevée. Jean Setier accueillit son seigneur à l'endroit précis où il l'avait regardé partir. On aurait dit qu'il n'avait pas bougé. Au lieu de le toucher, cette vigilance agaça le capitaine.

Leurs regards soucieux se croisèrent.

– Des pèlerins, encore ? s'étonna l'officier.

– Des réfugiés, soupira Louis. Une centaine.

– Les Anglais les ont laissés passer ?

On sentait un regret dans l'accent du Saxon. Le capitaine eut un rire sans joie.

– De nouveaux pensionnaires ! Nos ennemis ne risquaient pas de nous priver de leur visite, malgré l'interdiction de Bedford. Ils savent que nous manquons de tout depuis des mois. Plus il y aura ici de ventres à nourrir…

Après avoir rendu Ardent à Tristan, Louis vint accueillir les marcheurs. Selon son habitude, il se fit un devoir de les questionner pour démasquer les ennemis qui se glissaient souvent dans leurs rangs. Il pressentait qu'il n'en trouverait aucun : les Anglais n'en avaient plus besoin. Pour obtenir leur reddition, pensaient-ils, il leur suffisait d'attendre les conséquences de la famine. La citadelle imprenable tomberait d'elle-même comme un fruit desséché ! C'était mal connaître les ressources mentales des défenseurs.

Le capitaine s'entretenait avec une jeune Rouennaise lorsqu'il fut distrait par l'apparition d'Héloïse. Elle lui adressa un long regard de reproche, et s'esquiva aussitôt. Puis les frères de la Motte, rouges et immenses, interrompirent ses interrogatoires.

– Voici mon frère, le meilleur archer du royaume, présenta Garin.

– Des deux royaumes, corrigea Thierry avec un gros rire. Donnez-moi seulement un arc gallois.

– Tu le prendras toi-même à Tombelaine ! rugit Garin.

« Celui-là, au moins, méritera son pain », songea Louis en jaugeant la carrure de Thierry. Par contre, il se demanda comment il allait annoncer aux réfugiés que leur asile n'excéderait pas deux semaines, puis il décida que l'abbé s'en chargerait.

Prévenu, Richard de Mantoue s'appliquait déjà à loger les pèlerins et les exilés. Comme l'hôtellerie de l'abbaye était trop peuplée et l'auberge trop chère, les moines réquisitionnaient les maisons abandonnées. Certaines avaient subi les sévices du temps, mais malgré leurs murs crevassés et leurs toitures ouvertes au vent, les réfugiés bénissaient le ciel. Deux serviteurs de l'abbaye leur distribuaient de la soupe et du pain.

Du seuil de son auberge, Desgrées observait la scène en jurant entre ses dents, quand une voix grinçante l'apostropha :

– Vieux vautour, voici donc ton charnier !

L'aubergiste se retourna, poings serrés, vers un homme de haute taille et d'une maigreur ascétique, au visage aussi tanné que son pourpoint de cuir râpé.

– Ne me dis pas que cette somptueuse demeure est à toi ! L'Archange ! Si ? Par le diable, c'est mon jour de chance. Tu ne laisseras pas un compère à la rue !

Comme des curieux s'attroupaient en riant, Desgrées poussa le fâcheux à l'intérieur. Le capitaine, qui n'avait eu le temps d'interroger l'homme, entra à leur suite.

– Je me nomme Jérémie, dit le bavard, Jérémie le Chasseur, c'est mon surnom. J'ai servi dans les armées de Charles VI le bien-aimé, Dieu ait son âme.

Il se signa.

– J'étais jadis aussi fou que lui. Ce digne aubergiste sait de quoi je parle : Il a partagé mes égarements avant de faire pénitence. Il me souvient d'un jour, au bord de la Loire…

– Tu dois avoir faim, mon ami, le coupa Desgrées d'un ton bourru.

Il fit aussitôt servir au visiteur les restes d'une volaille, du fromage et du vin.

– On sait traiter les pèlerins céans, jubila Jérémie en faisant honneur au repas. Les Anglais ne nous ont pas accordé un quignon, et les paysans nous chassaient de leurs vergers à coups de bâton comme un vol d'étourneaux. La charité se perd !

Le capitaine, témoin de ces retrouvailles, allait interroger le vieux soldat quand le bruit d'une querelle l'attira à l'extérieur. Au bas de la rue, il y avait un attroupement, des menaces, des bousculades. Repoussant les excités, Louis pénétra à l'intérieur du cercle. Il découvrit un enfant prostré et sa mère en pleurs.

– C'est la peste, seigneur, s'écria un pèlerin en désignant le visage de l'enfant couvert de gros boutons purulents.

– Il faudrait les isoler !

– Les renvoyer.

– La marée monte, impossible de les expulser, fit remarquer l'un des chevaliers de garde à la porte du Roy.

– On ne chassera personne, intervint le capitaine, excepté ceux qui sèment la panique. Prévenez frère Herbert. Vous autres, écartez-vous !

Les furieux prirent leurs distances, mais ils continuèrent à gesticuler d'un air menaçant. Louis dégaina son épée, aussitôt le calme revint. Puis l'infirmier arriva. Il se pencha sur l'enfant, examina ses boutons et lui ébouriffa les cheveux.

– Des furoncles ! dit-il. Tu les collectionnes, ma parole.

Il s'adressa à la mère :

– Conduis ton fils à l'infirmerie. Il faut que j'incise ces abcès et les désinfecte. Dans trois jours il sera guéri.

– Ce n'est donc pas la peste ? balbutia la femme.

L'infirmier pointa un index accusateur sur les meneurs les plus hostiles.

– La peste, c'est cette engeance !

– Dispersez-vous ! ordonna le capitaine. Au moindre trouble je vous fais jeter à la mer !

La foule, domptée, obéit, et Louis remit son arme au fourreau. Comme s'il n'avait pas assez à faire avec la chasse au meurtrier, la menace ennemie et les difficultés du ravitaillement ! L'afflux des réfugiés compliquait sa tâche. Il songea qu'il devrait édicter de nouvelles règles, durcir la discipline, imposer un couvre-feu, mobiliser Desgrées et ses ombres pour améliorer l'approvisionnement de l'île. Le trésor de l'abbaye s'épuisait. Il fallait faire appel à Yolande d'Aragon, la plus généreuse, afin d'obtenir des subsides. Charles VII, lui, était ladre !

À présent, la rue était déserte. Il observa les toits et les hauts murs de l'abbaye au souvenir de la mystérieuse apparition qu'il avait remarquée au cours de sa chevauchée. C'était là-haut. Chair ou pierre ? Pure hallucination, sans doute. Le corps blanc d'Héloïse se substitua à la vision inquiétante. Héloïse, la très douce, la troublante, l'invisible. Elle le guettait peut-être de sa fenêtre, espérant son retour à l'auberge. Son regard de reproche.

Ne pas céder.

22

– Les croix, seigneur.

Le capitaine lança un regard hargneux à Charles Eymond. Sa nuit avait été épuisante, peuplée de douleurs et de cauchemars. Son corps ressentait encore les courbatures provoquées par la dureté du sol et l'eau des murs. Il vieillissait ! Jadis, les lits de pierre et les sols humides ne l'empêchaient pas de dormir comme un bienheureux. À présent… Il jugeait urgent de jeter sa paillasse qui moisissait et risquait de contaminer sa fourrure de loup, son seul luxe !

– Ces croix, parle !

Il ne supportait pas ce qu'il lisait dans les yeux du guerrier. Eymond appartenait à l'élite de ses chevaliers. Ils avaient combattu ensemble en Touraine et en Normandie avant de rejoindre la garnison du Mont-Saint-Michel.

– Les marques sur les portes. On en a compté dix, peut-être davantage.

Louis s'habillait sans hâte tout en réfléchissant.

– Rouges ?

– Des croix rouges comme celle de l'auberge… Rappelez-vous.

Un geste impérieux le fit taire. Une croix, oui. Son ennemi fantôme se moquait de lui, une fois encore. Il chaussa ses bottes, glissa son poignard dans sa ceinture et fixa son baudrier à son épaule, l'épée lui battant le dos.

Une brume glacée baignait la cité et l'abbaye, dont seuls émergeaient les vestiges du clocher. Abruti de fatigue, il avait sombré vers le matin et n'avait pas entendu sonner la cloche de Saint-Michel. Quelle heure pouvait-il être ? Avec ces nuées, le jour et la nuit se confondaient. Les dalles ruisselaient comme s'il avait plu. Dans la Grande Rue et les venelles voisines les soldats allaient d'une maison à l'autre. On voyait danser les halos de leurs torches.

– Cela a eu lieu durant la nuit, commenta Eymond.

Cela, c'était la croix tracée sur la porte d'une des maisons réquisitionnées par l'abbé. Le dessin était grossier et la peinture avait coulé jusqu'au sol. Sur le seuil, les réfugiés, un homme, une femme et deux petites filles, regardaient le signe sans comprendre. Louis les reconnut : des paysans du pays de Caux, mélangés aux pèlerins. Leurs yeux absents reflétaient encore les horreurs auxquelles ils avaient assisté.

Le capitaine toucha la couleur : il s'agissait bien de la pourpre, en couche épaisse. Combien en restait-il, de cette couleur maudite ? À quel jeu se livrait le diable ? Le diable, c'est le nom qu'on lui donnait, faute de mieux. Assassin était plus approprié.

– Ont-ils mangé ?

Eymond acquiesça.

– Desgrées s'est montré généreux.

Généreux, Desgrées ! En d'autres circonstances, le capitaine aurait ricané.

– Rentrez chez vous.

Les rustres obéirent. Avaient-ils seulement du bois pour réchauffer cette masure abandonnée depuis des décennies ? Pourquoi marquer la porte de ces pauvres gens ? On aurait dit que le diable dispensait sa couleur au hasard pour faire croire qu'il agissait sans discernement. Mais Louis n'était pas dupe : ces nouvelles croix obéissaient à un plan.

Il compta onze maisons, une sur quatre environ. Les torches se regroupèrent. Les soldats discutaient entre eux à voix basse quand, soudain, un hurlement plaintif leur fit dresser la tête, un long cri indéfinissable, homme ou bête, détresse ou menace.

– Qu'est-ce que c'était ? demanda Eymond d'une voix rauque.

Le capitaine haussa les épaules. Le silence était revenu, tous tendaient l'oreille, mais il n'y eut pas d'autre hurlement. Le Saxon accourut, alerté par l'appel mystérieux.

– Vous avez fouillé toutes les maisons ? s'impatienta Louis.

– Pas encore, dit l'officier. Avec ce brouillard, on n'y voit pas à une coudée. On vient juste de découvrir les croix. Qui a pu faire ça ?

Il avait posé la question pour lui-même et savait la réponse. Les soldats ouvraient les portes, questionnaient les gens. On percevait des voix ensommeillées, des pleurs d'enfants.

« Ils sont trop nombreux, trop nerveux », songea le capitaine. Cent hommes rassemblés, et pendant ce temps la porte de la cité, la poterne de l'abbaye, les tours sans protection, c'est ce que voulait le tueur, sans doute.

– Les guetteurs à leurs postes !

Le Saxon répercuta l'ordre. Des soldats s'évanouirent dans la brume. On ne distinguait pas les remparts, seulement les lumières des torches suspendues dans le ciel. Une porte, marquée comme les autres, résistait.

– La maison est inoccupée, suggéra Eymond.

En quittant l'île, certains avaient condamné leur logis. Yvon gloussa :

– Elle renferme peut-être un trésor !

Un regard du capitaine effaça son sourire.

– Essayez encore !

Un chevalier cogna le bois avec le pommeau de sa dague.

– Personne !

Au même instant, Desgrées surgit, l'air d'un sergent d'armes, avec ses bottes, sa ceinture cloutée et un poignard à longue lame glissé sous le cuir.

– C'est la maison de Jérémie, dit-il d'une voix sourde.

– Jérémie ?

– Mon compagnon.

Il heurta la porte de l'épaule. Le chêne résista.

– Une hache ! commanda le Saxon.

Ils attendirent en piétinant sur le seuil jusqu'à l'arrivée d'un des frères de la Motte armé d'une hache d'armes au fer courbe. Garin ou Thierry ? Ils se ressemblaient comme des jumeaux.

– Il faut défoncer ? s'étonna-t-il.

Le capitaine inclina la tête.

– Hâte-toi !

– La tension de l'aubergiste était communicative, d'autant plus que Desgrées n'était pas homme à s'émouvoir. Sous les coups puissants de Thierry – c'était bien l'archer – la maison trembla. Une pluie de terre se détacha des colombages. Le géant roux continua à abattre sa hache avec des « han ! » d'essarteur. Ils entendirent un craquement. Les gonds se descellèrent. L'archer acheva son ouvrage d'un coup de pied. La porte s'effondra. Les torches révélèrent un sol de terre, un âtre, un lit, une table et deux chaises. Le vieux Jérémie gisait sur la table, les yeux grands ouverts, le cou brisé. Desgrées, bousculant les soldats, se précipita et saisit la main de son ami.

– Je lui avais proposé de dormir à l'auberge, murmura-t-il d'une voix étranglée. Il aurait eu une chambre, la meilleure, je lui aurais donné la mienne, mais il n'a rien voulu entendre. Il prétendait vouloir rester seul, Dieu sait pourquoi…

Un chevalier désigna les verrous brisés.

– Il s'était enfermé comme s'il redoutait quelque chose.

– Tu as raison ! s'exclama le Saxon. La porte et les volets étaient fermés de l'intérieur. Dans ce cas, comment l'assassin a-t-il pu entrer ?

– Fouillez la maison ! ordonna le capitaine.

Les soldats s'empressèrent, l'épée à la main. L'inspection dura quelques minutes à peine : la masure n'avait que deux pièces, ni cave ni grenier. Les pierres plates du toit reposaient directement sur la charpente apparente.

– Le diable ! grommela un homme en se signant.

– Prévenez l'abbé, commanda Louis.

Le Saxon alla questionner Desgrées, prostré près du corps du pèlerin.

– Pourquoi lui ?

L'aubergiste secoua la tête, déconcerté.

– C'était un brave homme, inoffensif, pacifique. Ici, personne ne le connaissait à part moi. Nous avions commis bien des péchés, autrefois. Mais il s'était assagi, lui aussi. Je ne comprends pas.

Sa voix s'altéra.

– On dirait que l'assassin frappe au hasard, conclut un soldat.

Desgrées hocha la tête d'un air pensif.

– Au hasard.

Le capitaine examina avec soin le corps de la victime. Son pourpoint, ses chausses et ses sandales étaient usés. Dans sa bourse, il trouva trois pièces d'argent.

– Pas de vol.

Desgrées montra la pèlerine et le bourdon abandonnés sur le sol.

– Qui voudrait de ces défroques ? Il ne possédait rien.

Pendant que le capitaine observait le corps de Jérémie, son lieutenant retourna le lit, notant le contraste entre la paillasse malodorante et la riche couverture de laine qui la recouvrait.

– Cette courtepointe, c'est tout ce qu'il a accepté, commenta l'aubergiste.

– Il s'est couché.

– Le meurtrier l'a sans doute surpris durant son sommeil.

– Oui, mais comment est-il entré ?

Plus que la mort du vieux soldat, c'est cette énigme qui impressionnait ceux qui étaient là. Louis, abattu, faisait le compte des drames qu'il n'avait pas su empêcher : Gilles, Aubain, Michel, Augustin, et maintenant Jérémie. C'était le cinquième assassinat. Sauf Gilles et Aubain, les victimes n'avaient aucun lien les unes avec les autres, et leurs exécutions étaient différentes, certaines grandioses comme la pendaison de Gilles et le martyre d'Aubain, d'autres plus ordinaires. Cependant la signature était la même : une croix rouge. Le meurtrier se désignait lui-même, par orgueil, peut-être. Mystérieux, insaisissable, diaboliquement intelligent, capable de pénétrer à l'intérieur d'une maison fermée et de réunir les preuves qui avaient incriminé Josserand. Malgré tout, le capitaine persistait à penser que ce monstre n'avait rien de surnaturel. C'était un homme, mortel comme tous les autres. Instinctivement, sa main fit jouer sa lame dans son fourreau. Il pensa : se trouver un jour face à lui, un instant, un seul instant, d'homme à homme.

Hors de la maison, il leva les yeux vers la croix de l'église mutilée et invoqua saint Michel. Après avoir englouti le village, la brume, de plus en plus épaisse, semblait vouloir recouvrir l'abbaye. L'atmosphère était menaçante. Il sursauta malgré lui en sentant une main l'effleurer. Tournant la tête, il découvrit Héloïse blottie dans un espace étroit entre deux maisons. Avec son manteau noir, elle avait l'air d'une mendiante.

– Ne reste pas là ! dit-il d'un ton sévère.

Elle chuchota en regardant avec méfiance autour d'elle :

– Je dois vous parler.

– Pas maintenant.

Il devait réunir ses hommes, inspecter les postes de guet, éclairer les remparts assiégés par le brouillard.

– Quand ?

– Je viendrai.

Il la tira hors de son refuge et la poussa doucement vers le bas de la rue. D'abord elle résista. Puis Desgrées sortit de la maison. À la vue de son père, elle s'effaça comme une ombre.

23

La nuit, la musique de la mer à marée basse était faussement apaisante. Les portes de l'abbaye restaient fermées. La cité veillait, repliée sur elle-même par la peur. Dans la pièce haute de la tour du Roy, Louis d'Estouteville faisait souvent le même rêve, entre éveil et sommeil : il se trouvait à bord du *Trident*, un voilier silencieux, bercé par la houle, hors d'atteinte. La terre était invisible, mais proche. On sentait son odeur de terre et de bois.

Lorsque l'ombre surgit, malgré son engourdissement, il sut que c'était elle. Il éprouva aussitôt le contact de son corps, car elle s'était jetée sur lui en riant. Dans son élan, le front d'Héloïse heurta sa bouche. C'était son parfum, sa douceur tandis qu'elle se glissait toute habillée sous la peau de loup.

– Qu'est-ce que tu fais ici ?

Le ton était sévère, cependant il ne la repoussa pas, il ne referma pas non plus ses bras sur elle.

– Je suis venue puisque tu ne venais pas, chuchota-t-elle.

C'était la première fois qu'elle osait le tutoyer. Cette familiarité aurait dû lui déplaire dans la mesure où elle semblait lui donner des droits sur lui ; elle le troubla. Sa présence était un mystère : elle était sortie de l'auberge, avait traversé la grande rue, franchi les postes de guet, échappé aux gardes de la cour sans être repérée, arrêtée. Il ironisa :

– Je croyais que tu avais peur de sortir la nuit ?

– Peur d'être loin de toi.

Elle se blottit contre lui. Ses cheveux se détachèrent. Son manteau s'ouvrit. Il sentit son corps glacé sous la cotte légère.

– Va-t'en ! ordonna-t-il.

Elle se serra davantage. Elle s'était débarrassée de ses chaussures. Sa robe se retroussait sur ses jambes nues. Les lèvres dans son cou, elle tenait un discours incompréhensible, des mots tendres.

– Je ne veux pas de toi !

Il gardait les bras le long de son corps, tout raides pour ne pas succomber à la tentation de glisser les mains sous sa robe et de respirer son odeur de peau douce.

– J'ai besoin… murmura-t-elle.

Elle n'acheva pas. De quoi avait-elle besoin ? D'amour ? De plaisir ? De réconfort ? Il songea qu'il n'avait rien à lui offrir hormis une source de souffrances : une réputation de fille perdue, un bâtard, une flétrissure. De son côté, sa folie affaiblissait son autorité alors qu'il devait lutter de toutes ses forces contre un ennemi implacable à l'intérieur et à l'extérieur de l'île.

Il lui détacha les mains et la fit basculer brutalement hors de sa paillasse. Elle resta prostrée sur le plancher sans se décider à quitter les lieux. Au bout d'un moment, il perçut des pleurs étouffés. Il bénit l'obscurité qui l'empêchait de céder à sa beauté. Cependant il imaginait malgré lui ses longs cheveux emmêlés, ses lèvres tremblantes, ses seins soulevés par ses sanglots muets.

– Va-t'en ! répéta-t-il.

– Louis.

Sa voix suppliante ressemblait à celle de Lucie : une tendresse suspecte sur un corps offert par calcul. Il ne voulait pas que les autres l'entendent. C'est le prétexte qu'il inventa pour la saisir et l'attirer contre lui, sous la peau de loup.

– Tais-toi !

Elle frissonnait tout entière. Il sentait ses joues humides sur son torse nu, de vraies larmes.

– J'ai froid, souffla-t-elle avec une nuance de reproche.

D'instinct il lui caressa les cheveux. Aussitôt, il la sentit se tortiller et sut qu'elle se déshabillait. Ainsi, elle allait obtenir ce qu'elle voulait. Cependant il n'eut pas le courage de la repousser une nouvelle fois. Ses mains ne lui obéissaient plus. Elles reprirent possession de son corps, savamment, avec une lenteur aussi douloureuse pour lui que pour elle. Comme elle gémissait, par jeu il interrompit ses caresses pour demander :

– Tu as mal ?

Il sentit ses ongles sur son dos, ses dents à la base de son cou, puis son ventre à la recherche du sien. Il se mit à rire, fier de la volupté qu'il pouvait accorder ou refuser. Il la prit brutalement et la trouva mouillée, fiévreuse, odorante. « Merveilleux petit animal », songea-t-il. Au lieu de s'abandonner, il se contrôla pour retarder la venue du plaisir. Il n'avait jamais agi ainsi avec les filles. Seule comptait sa propre satisfaction. Là, ses hanches allaient et venaient sans effort. Il savait qu'il pouvait se retenir tant qu'il voulait. Elle se mit à gémir. Quand elle cria, il la bâillonna d'une main, et continua, lui arrachant plusieurs orgasmes jusqu'à sa propre défaillance, longtemps après.

Il s'abattit sur elle. Ses seins étaient durs, sa respiration haletante sous son bâillon, sa chemise troussée jusqu'au cou. Il imagina ses reins cambrés et son ventre creusé tels qu'il les avait aimés la première fois. Mais elle n'était plus qu'une chair abandonnée, les cheveux sur le visage, les cuisses trempées, dévastée par le plaisir.

Il ôta sa main de sa bouche et railla avec cruauté :

– C'est ça que tu voulais ?

– Pas ça, soupira-t-elle.

– Vraiment ?

– J'ai peur, seigneur.

Soudain, il n'était plus Louis, son amant ; il redevenait son maître.

– Curieuse façon d'avoir peur de hanter les rues à minuit !

– Garde-moi, chuchota-t-elle.

– Que veux-tu que je fasse de toi ? On t'attend à l'auberge. Ton père…

Ce fut son tour de lui fermer la bouche. Sa main était étrangement froide. La sentant peser sur lui, prête à s'endormir, il la secoua et n'obtint qu'un faible grognement de protestation.

– Tu partiras tantôt avec les pèlerins d'Artois, décida-t-il. Ma cousine, Angélique, est la supérieure de l'abbaye de Fontaine. Tu iras là-bas, au bord de la Seine. Je te remettrai une lettre de recommandation…

À son souffle régulier, il s'aperçut qu'elle s'était endormie. Elle n'avait pas écouté un traître mot de ce qu'il venait de dire. L'aurait-elle cru ? Le croyait-il lui-même ? Il évita de répondre à ces questions. Elle devait être fière de sa victoire et de la reddition de son seigneur. Drôle de femme, presque une enfant, douce, obstinée. Fallait-il qu'il fût sevré de chair, lui, le tout-puissant seigneur de Valmont, pour se laisser ensorceler par ce corps inachevé ?

La nuit était encore obscure. Le bruit de la mer s'amplifiait. Il entendait la longue respiration de la marée. Son sommeil l'avait fui. Il se garda de la réveiller et de la chasser comme il l'en avait menacée. Elle était couchée sur lui, paisible, légère, le ventre brûlant. Ses mains épousaient la rondeur émouvante de ses petites fesses, lisses et dures comme des galets. Elles remontèrent un peu plus haut, au creux des reins, massèrent et obtinrent un soupir d'aise.

Il commençait à s'assoupir quand une torche éclaira la pièce ronde, remuant les ombres de la charpente. L'escalier craqua.

– Seigneur, vous êtes éveillé ?

Il reconnut l'accent germanique et gronda :

– Jean ? Que veux-tu à cette heure ? Le diable te tourmente ?

– Moi, non, mais Beauvoir, Tournemire, Cantilly, Roussel, les deux la Motte… Une querelle… Des chiens enragés ! Beauvoir est blessé.

– Et puis ? N'es-tu pas assez grand pour obtenir la paix ?

– Je peux en pendre un ou deux, grommela le Saxon.

– Laisse ce soin aux Anglais.

« Tous trop nerveux ! pensa le capitaine. Avec le diable qui rôde, les esprits sont des flammes sur un baril de poudre. »

Il déplaça Héloïse et se leva. La petite continua à dormir, la tête enfouie dans ses bras. La lumière de la torche dansait sur sa peau nue. Il la recouvrit jusqu'au cou sous la fourrure, s'habilla et saisit son épée. Un moment, il faillit prier l'officier de monter. Il imaginait sa tête en découvrant la fille dans son lit. Mais peut-être était-il déjà au courant de ses frasques. L'île était incapable de garder un secret, excepté celui du diable.

« Je le verrai bien à son air ! »

En descendant l'échelle, il songea à Desgrées. Ignorait-il la fugue de sa fille ? À moins que… La pensée qu'il était complice et consentant l'effleura désagréablement.

Le visage du Saxon était impénétrable.

– Grave ?

– Quoi donc ?

– Beauvoir, la blessure ?

– L'épaule, un coup de poignard.

L'officier grogna en montrant les dents. Dans la salle basse de la tour, les gardes ronflaient. Héloïse avait dû se faufiler entre les deux dormeurs, silencieuse et furtive comme une chatte. Un autre animal, plus aimable, beaucoup plus sournois.

Il tombait une pluie aussi fine qu'une vapeur. Dans la salle basse de la tour Béatrix, Herbert pansait l'épaule de Beauvoir. Six autres chevaliers étaient assis sur le plancher, tête basse, pareils à des écoliers punis.

Louis caressa son épée.

– Demain, j'irai en reconnaissance jusqu'à Granville. Qui sera à mes côtés ?

Ils se levèrent tous avec un bel ensemble. Beauvoir lui-même bouscula l'infirmier. Le capitaine réprima un sourire. Il connaissait la rage d'être en cage, après six années derrière ces hauts murs, et le bonheur d'être libre sur l'immensité du sable.

Peu dupe de sa manœuvre, le Saxon se renfrogna.

– Granville ! La forteresse anglaise, comme s'il n'y avait pas assez d'estropiés !

24

Les croix annonciatrices de mort avaient atteint leur but : ceux qui logeaient dans les maisons flétries les avaient abandonnées. Ils s'entassaient dans l'hôtellerie de l'abbaye ou dans les masures que le tueur avait ignorées. Cependant, la plupart des pèlerins se disposaient à quitter l'île. Ils se regroupaient déjà sur la place du Roy, au bas de la grande rue.

Estienne, le forgeron, avait failli faire partie du cortège en formation. On l'avait retenu à grand-peine. L'île avait besoin de lui pour ses armes et ses grilles. Guiraut, un des serviteurs de l'abbaye, savait bien manier le soufflet et le marteau, mais il ne possédait pas la pratique du maître de la forge. Estienne avait un pacte avec le feu ; le fer lui obéissait. « Un Héphaïstos chrétien », disait Richard de Mantoue. Pour le garder, l'abbé n'avait pas hésité à augmenter son salaire et ses privilèges.

Sa décision de rester n'avait pas calmé la colère du Saxon.

– Quitter l'île ! Abandonner le navire en pleine tempête, ce n'est pas digne d'un marin !

– Estienne n'est pas un marin, et le Mont-Saint-Michel n'est pas un navire, lui fit remarquer Garin de la Motte.

– Dommage ! grommela l'officier. Je l'aurais fait mettre aux fers, à fond de cale !

L'idée de charger de fers un forgeron déclencha un rire général. Jean Setier, ulcéré, gratta furieusement la toison de ses épaules, sous sa tunique, avec des ongles longs et noirs. Des griffes !

– La peur, suggéra Beauvoir.

L'officier haussa les épaules.

– Estienne n'est pas un couard, et sa maison n'était pas marquée comme les autres.

– Son épouse lui manque, peut-être, plaisanta Garin.

Sa remarque engendra des sourires chez ceux qui avaient connu Eliette, l'épouse du forgeron, une mégère.

– Il craint le diable !

– Il n'est pas le seul !

– Moi, je n'ai peur de personne à condition de voir celui que je combats ! Ce tueur n'est pas un homme, c'est une ombre !

– Le diable ! ricana Jean Setier en crachant pour se débarrasser d'une salive trop amère.

– Tu ne crois pas aux créatures de l'enfer ? s'étonna Garin.

– Si, bien sûr, répliqua l'officier, mais pas dans la demeure de saint Michel. Ici, des hommes se font passer pour des démons par orgueil. L'enfer est trop noble pour eux.

Le capitaine écoutait leur bavardage d'une oreille distraite. Il comptait ceux qui allaient partir.

– Quatre-vingt-huit, murmura-t-il.

Ce n'était pas le nombre qui le surprenait, mais la présence de deux moines de l'abbaye. Depuis la défection de Robert Jolivet, dix ans auparavant, la communauté était restée unie autour de Richard de Mantoue, le candidat du pape. Et là, soudain, deux autres membres fuyaient la cité de Saint-Michel. Par crainte ? Questionné, Richard avait refusé de commenter l'événement.

– Il en reste dix-neuf. Bientôt vous serez seul !

Sur l'île, l'atmosphère était de plus en plus tendue. Les moines fidèles ne sortaient pratiquement plus de l'abbaye, et les laïcs, habitants, pèlerins et guerriers, se regardaient avec méfiance, prêts à en découdre au moindre prétexte.

Le capitaine retarda son expédition à Granville pour laisser aux pèlerins le temps de gagner le rivage, puis la route de Rouen sans défier ceux de Tombelaine. Il les regarda s'éloigner vers l'est au son des cantiques, longue théorie brune sur le sable blanc. Le temps changeait. Clair une heure auparavant, le ciel se chargeait de nuages noirs parcourus d'éclairs. Le tonnerre grondait. L'odeur de soufre présageait la tempête, cependant la pluie ne venait pas.

– La marée, seigneur… risqua Beauvoir.

Les autres s'impatientaient.

– Elle nous attendra, répondit le capitaine.

Le Saxon s'agitait, lui aussi. Il avait voulu se joindre à la troupe, mais Louis s'était montré intraitable : son lieutenant devait rester à son poste pour veiller sur le Mont.

Le capitaine se dirigeait vers l'écurie quand un hurlement retentit. Tous dressèrent la tête. Dans leurs cages, les chiens de guerre se mirent à gronder. Ce cri, les hommes l'avaient déjà entendu quelques jours auparavant. Impossible de dire s'il s'agissait d'une voix humaine ou animale. Un cri unique, suivi d'un long silence, comme si la cité retenait son souffle.

Cette fois, ceux qui se trouvaient là entendirent d'autres bruits provenant de la partie nord des remparts : des appels, un piétinement frénétique, des tintements de fer.

Sans perdre de temps, le capitaine s'élança vers le lieu du tumulte. Les soldats accouraient de tous côtés.

– Restez à vos postes ! ordonna-t-il.

Une vingtaine d'hommes formaient un cercle au pied de la tour du Nord. Quelques moines se mêlaient aux chevaliers. Fendant la foule, Louis découvrit ce qui excitait leur curiosité : sur le sol il y avait un collier fait de corde et de plaques de bois comme en portent les bœufs.

– Je l'ai aperçu ! s'écria un chevalier en désignant le haut du rempart.

– Thierry l'a blessé !

– Il est tombé !

Comme ils parlaient tous à la fois, le capitaine les interrompit.

– Qu'avez-vous vu exactement ?

– La bête !

– Une forme blanche.

– Monstrueuse.

– Rapide.

– Il a disparu.

– Comment, disparu ? demanda le capitaine. Où cela ?

– En l'air.

– Il volait ?

Les hommes se regardèrent en silence, conscients de l'incohérence de leurs témoignages. Puis Thierry brandit fièrement son arc.

– Je l'ai blessé, c'est sûr.

Il poussa du pied le collier brisé aux plaques maculées de sang. Après avoir examiné le trophée, le capitaine pressa l'épaule de l'archer.

– On sait, au moins, qu'il ne s'agit pas d'un esprit ! Fouillez les tours, les remparts, les abords de l'abbaye, cherchez des traces de sang, examinez les gens. S'il est blessé, il n'a pas pu aller bien loin.

Certains n'avaient pas attendu ses ordres pour s'élancer à la poursuite du diable. Du haut des toits et des tours ils s'interpellaient. Le Saxon disposait archers et arbalétriers le long des murs. Pendant plusieurs heures, ils inspectèrent l'île de haut en bas sans aucun résultat. Louis l'avait redouté. Même blessé, le tueur se jouait encore de lui. Abandonnant les recherches, il se retira dans la tour du Roy pour réfléchir. Son projet d'expédition à Granville était abandonné : ce n'était pas le moment de disperser ses forces.

Assis dans l'ombre, il entendait les cris de ses hommes qui continuaient les recherches. Lui n'y croyait plus sans savoir pourquoi. Ses doigts effleurèrent la cicatrice de son front pour se rappeler son héroïsme déchu. Le monstre insaisissable devenait une légende, comme les dragons et les loups géants des contes, ravisseurs de pures jeunes filles que délivraient des chevaliers sans peur. Rêve stupide ! Il s'égarait, perdait du temps, quand il aurait fallu… Pour la première fois de sa vie, il se sentait impuissant face à un ennemi victorieux.

Il songea à Héloïse. Après l'avoir abandonnée dans la chambre de la tour, il avait chargé Yvon de la reconduire discrètement chez son père. Mais quand le chevalier avait voulu remplir sa mission, il avait trouvé la chambre déserte : la jeune fille avait disparu. Absorbé par les événements, Louis l'avait oubliée. Soudain, il s'inquiéta : si le diable blessé s'en prenait à elle pour se venger ? Là encore, il délirait. Malgré tout, il abandonna la tour et gagna l'auberge.

En poussant la porte, il eut le pressentiment d'un nouveau malheur. La salle était en désordre : tables et chaises renversées. Il perçut d'abord des gémissements. Quelqu'un gisait à terre, parmi les débris de la statue de saint Michel. C'était Henriet, l'avocat qui avait dénoncé Josserand. L'homme avait la gorge ouverte, sa robe inondée de sang. Il respirait encore, mais la mort voilait ses yeux.

– Héloïse !

Louis se précipita vers l'escalier. Quelqu'un descendait les marches d'un pas chancelant. C'était Desgrées, le visage recouvert d'un masque de souffrance, la main crispée sur sa poitrine blessée.

– Héloïse ?

L'aubergiste désigna l'étage avant de s'affaler. La chambre de la fille était à droite.

– Louis ?

Derrière le panneau de bois, la voix étouffée était méconnaissable. La porte était fermée à clé ; le capitaine l'enfonça. Vêtue d'une courte chemise, Héloïse tremblait violemment, mais elle était indemne. Elle balbutia :

– Ces cris…

– Reste ici, ordonna-t-il.

Il détacha les bras noués autour de son cou et la poussa avec douceur sur le lit.

Desgrées, assis sur les marches, marmonnait entre ses dents.

– Que s'est-il passé ? demanda Louis.

– Le diable… Vous deviez nous protéger.

– Tu l'as vu ?

L'aubergiste esquissa un signe de croix.

– Immense, effroyable… Si vite…

Son discours s'acheva en toux douloureuse. Il chuchota :

– Henriet ?

– Il est trop tard, je le crains. Je vais prévenir mes gens.

Desgrées lui saisit le poignet.

– Ne me laissez pas.

– Veillez sur Héloïse.

Il se libéra et sortit. Dans la rue, un peu plus haut, il trouva quatre chevaliers en faction et s'emporta : pourquoi n'étaient-ils pas accourus ? Les hurlements, le fracas auraient dû les alerter ! Il les rudoya.

– Prévenez le Saxon et frère Herbert, amenez des renforts. Êtes-vous des guerriers ou des pantins ?

De retour à l'auberge, il trouva Héloïse assise à côté de son père. Comme il s'élançait, l'épée à la main, pour explorer la maison, elle s'écarta avec effroi. Les chambres et le grenier étaient vides. Atlas gisait, assommé, au milieu de la cour. Dans l'écurie, Tristan pleurait à grand bruit, tenant dans ses mains son chat éventré.

Lorsqu'il revint dans la salle, Louis constata la présence de trois hommes d'armes. Héloïse se penchait sur l'avocat, dont elle tenait la main inerte. Les clients de l'auberge, revenus de l'église Saint-Pierre, regardaient avec consternation l'auberge dévastée. Quelques minutes plus tard, Héloïse céda la place à frère Herbert qui se mit à genoux et récita la prière des agonisants. Puis Jean Setier survint avec une troupe de chevaliers. L'officier fulminait contre ses hommes comme s'ils étaient responsables du drame.

– En plein jour ! Il était blessé, vous le teniez à votre merci !

Desgrées, lui, fulminait toujours.

– Personne… J'ai crié, personne n'est venu. Personne !

– Le tueur ne peut pas être partout à la fois, au nord et ici, grommela Setier, à moins que…

– À moins qu'ils ne soient plusieurs, acheva un chevalier.

Le capitaine devint attentif. L'hypothèse d'une bande l'avait effleuré bien des fois. Il faudrait l'envisager sérieusement, confronter le témoignage de l'aubergiste à celui des chevaliers qui avaient aperçu le meurtrier, quelques heures auparavant. Mais pourquoi l'avocat, pourquoi l'aubergiste ? Il est vrai que la porte de l'auberge avait été marquée d'une croix, mais pourquoi ? Une fois de plus, ses questions demeuraient sans réponse.

Son attention fut attirée par Héloïse assise devant la cheminée éteinte. Sa chemise était rouge. De temps en temps, elle l'utilisait pour s'essuyer les yeux en découvrant ses jambes avec une impudeur inconsciente. Le monstre l'avait épargnée ; ce constat l'étonnait et le soulageait. Il mesurait, grâce à lui, la place qu'elle tenait à présent dans sa vie.

La salle se remplissait. À une réaction de terreur silencieuse succédait la révolte : des cris, des menaces, des imprécations.

Atlas entra à son tour, vacillant, soutenu par un homme d'armes. Incapable de répondre à l'interrogatoire du Saxon, il regardait autour de lui d'un air effaré. Desgrées, lui, répétait :

– Un géant, oui, blanc, silencieux, des mains de pierre…

L'infirmier sondait sa blessure.

– Ce n'est pas une statue qui a fait cela, mais une arme, un fer mince et long, une dague, sans doute. La plaie est profonde, mais propre.

– Propre ? s'emporta Desgrées. Si près du cœur, encore heureux que le fer ne fût pas empoisonné ! Je suppose que je dois remercier Dieu. Le diable n'a pas touché à ma fille, c'est un miracle. Va t'habiller, petite, ajouta-t-il.

Pour la première fois, le capitaine perçut un soupçon de tendresse chez cet homme grossier et brutal. « Le danger auquel il vient d'échapper le rend plus humain », pensa-t-il.

Héloïse sembla soudain remarquer la légèreté de sa tenue. Elle se hâta d'obéir sous le regard des soldats qui venaient de refouler les curieux hors de la salle. Louis profita de cette libération pour examiner les lieux. Sur le sol, près de l'endroit où Henriet avait succombé à ses blessures, il trouva un carré de bois taché de sang, l'un des morceaux du collier découvert devant la tour du Nord. On aurait dit que le meurtrier semait des indices à dessein pour éveiller la curiosité et exciter la colère de ses poursuivants.

Le capitaine observa les hommes attroupés aux portes de la cour et de la rue. Si quelques-uns étaient de haute stature, par contre aucun ne ressemblait à un colosse de pierre.

25

Dans les trois lettres qu'il venait d'écrire, Louis d'Estouteville ne mentionnait pas le mystérieux démon qui décimait ses gens. Son évocation aurait semé des doutes sur ses capacités à défendre le Mont. Il apposa son sceau sur les missives. La première était destinée à sa protectrice, la duchesse d'Anjou, Yolande d'Aragon, la deuxième à son ami Jean d'Alençon, la troisième à Arthur de Richemont. Cette dernière aurait le plus de mal à parvenir à son destinataire, car le connétable menait souvent ses propres guerres sans avertir ceux qu'il servait. Les trois lettres réclamaient la même chose : de l'or et des armes.

Si le tueur ne s'était plus manifesté depuis une semaine, les Anglais étaient revenus. Un voilier battant pavillon de Lancastre croisait au large, et des cavaliers arpentaient chaque jour le rivage. Cette présence militaire, loin d'inquiéter le capitaine, le réjouissait. Combattre, il ne demandait que ça. Lutter à armes égales au lieu de gesticuler devant un fantôme ! Les Anglais avaient le nombre, Louis les hauts murs et la mer. En réalité, le retour de l'ennemi n'était qu'une parade inoffensive : Bedford ne risquerait pas un nouvel assaut, il le savait. Ses armées n'avaient plus les moyens de sacrifier leurs hommes quand les capitaines de Charles VII, enflammés par la condamnation de Jeanne d'Arc, les harcelaient.

Desgrées, lui, se plaignait du blocus. Les Anglais contrariaient son approvisionnement, les Bretons augmentaient leurs prix, le poisson, réduit aux prises des pêcheurs de la cité, se faisait rare, les guerriers de Tombelaine réquisitionnaient les troupeaux... Jusqu'ici bravache, l'aubergiste devenait timoré, comme si l'agression du diable de pierre avait révélé sa vraie nature. Il se plaignait constamment de sa blessure au point d'user la patience d'Herbert en le convoquant à tout propos alors que l'infirmier le jugeait guéri.

Le capitaine fuyait l'auberge. Il n'y revenait qu'au crépuscule afin de dormir avec Héloïse. Chaque soir, Desgrées enfermait sa fille en laissant la clé sur sa porte ; chaque nuit, Louis la délivrait pour la ramener endormie avant l'aube. Si ces heures de plaisir l'épuisaient, elles lui permettaient de résister au mystère qui l'aurait rendu fou. Parfois, il imaginait que l'assassin agonisait dans son repaire. Il avait perdu trop de sang, ou bien sa blessure s'était envenimée. On retrouverait ses ossements dans un des caveaux où gisaient les premiers occupants de l'île.

Il n'y croyait pas. La menace planait toujours sur le sanctuaire. Le pire serait d'attendre un nouveau meurtre pour agir. Il fallait traquer le meurtrier sans lui laisser le moindre répit. Il conçut un plan destiné à inciter ses hommes à rester sur le qui-vive. Afin de le mettre en œuvre, il réunit les quatre chevaliers qu'il estimait le plus pour leur intelligence ou leur dévouement. Ces hommes étaient Jean Setier, Robert de Beauvoir, Jocelyn de Criqui et Bernard de Guiméné.

Le Saxon prit la parole le premier. Comme toujours ce fut pour exhaler sa mauvaise humeur.

– Six hommes pour surveiller l'auberge ! Comme si on gardait un trésor !

Louis hocha la tête sans se formaliser.

– Sans Desgrées et ses ombres, nous aurions du mal à survivre.

Une lueur moqueuse dans le regard de l'officier semblait dire : « Sans sa fille, tu aurais du mal à pimenter tes nuits ! » Ce n'était qu'une impression, car Jean Setier s'empressa d'ajouter :

– Si le but du meurtrier est de nous perdre, je m'étonne justement qu'il n'ait pas étranglé Desgrées avant tous les autres.

Le capitaine saisit l'occasion pour exposer son idée :

– Moi, j'ai confiance en la loyauté de nos chevaliers et de nos écuyers. Pas vous ?

Surpris par cette entrée en matière inattendue, les quatre hommes acquiescèrent, mal à l'aise.

– Vous en doutiez ? grommela le Saxon.

Comme s'il hésitait avant de répondre, le capitaine se leva et fit le tour de la salle basse où ils étaient réunis, observant les chevaliers assis en cercle sur des tabourets de fer. Après un long silence, il revint à sa place, mais, au lieu de se rasseoir, il posa un genou sur son siège.

– Pour démasquer le tueur, je n'exclus aucune hypothèse. Oui, Jean, j'ai envisagé la culpabilité de chaque habitant de l'île, y compris la tienne.

Beauvoir s'agita sur son tabouret. Blond, fluet, la voix haut perchée, il faisait un contraste amusant avec son voisin, le Saxon. Un baladin et son ours ! Cependant, il ne fallait pas se fier à son apparence inoffensive : Beauvoir était bon cavalier et l'un des meilleurs escrimeurs de la petite armée du Mont-Saint-Michel.

– Moi, je crois que ce monstre est un étranger, venu de l'extérieur.

Jean Setier fit une moue sceptique.

– Comment aurait-il pénétré sur l'île, à ton avis ?

– Les murailles n'ont pas l'air de l'arrêter. Vous l'avez vu comme moi bondir et disparaître en haut de la tour du Nord.

– Les remparts, c'est une autre affaire, à moins de passer à travers, ricana Jocelyn.

– Il a pu se glisser parmi les miquelots.

– Je ne crois pas à un ennemi extérieur, intervint le capitaine, et pas davantage à la culpabilité des gens de la cité.

– Non ? Alors on en revient au diable, s'exclama Guiméné. Depuis le premier jour le Breton croyait à une puissance surnaturelle.

– Qui accusez-vous ? demanda Beauvoir.

Le regard de Louis se tourna vers l'abbaye, dont on distinguait le châtelet à travers la porte ouverte.

– Les moines ? murmura Jocelyn, suffoqué.

Après un nouveau silence, le capitaine se rassit et se pencha vers ses gens.

– J'ai bien réfléchi. Selon moi, les auteurs des meurtres sont plusieurs : trois, quatre, cinq, peut-être davantage.

– Une bande ?

– Une bande de moines ? s'exclama Beauvoir, incrédule.

– Rappelez-vous, poursuivit Louis. Le monstre a réussi à s'introduire au cœur de l'abbaye sans se faire remarquer afin de dérober les substances étranges qu'il utilise : le murex, l'opium… Lequel d'entre vous aurait pu en faire autant ? Qui serait arrivé à réunir les pièces destinées à incriminer

Josserand : la médaille de Gilles, le chapelet d'Aubain ? Encore fallait-il connaître l'existence de ces objets. Et comment exposer Aubain dans le cloître sans bénéficier de complicités au sein du sanctuaire ?

– Admettons, dit Jean Setier. Mais pour quel motif exécuter ces six hommes ? Sans compter les tentatives contre Desgrées, Yvon et vous-même.

– Et où trouver cette statue colossale capable d'étrangler un gaillard comme Michel ? ajouta Beauvoir de plus en plus sceptique. Les moines, je les connais presque tous : des hommes pieux et inoffensifs. Je ne les vois pas se livrer à ces abominations.

Le capitaine leva la main pour obtenir l'attention de ses hommes.

– Nous ne les soupçonnons pas, précisément, parce que ce sont des moines. Moi, je persiste à penser qu'il existe un mystère au sein de l'abbaye. Ceux qui l'ont découvert ou seulement approché l'ont payé de leur vie.

– Quel mystère ? s'écria Guiméné.

Le capitaine le regarda sans répondre.

– Une confrérie secrète ?

– Richard de Mantoue serait leur chef ? suggéra Jocelyn.

Louis secoua la tête.

– L'abbé, je ne crois pas, mais une société occulte à l'intérieur du sanctuaire…

– Aux ordres de Jolivet ? suggéra le Saxon.

– Peut-être.

– Comment le découvrir ?

– En surveillant les frères, répondit le capitaine avec une conviction prouvant qu'il avait déjà pris sa décision. Jusqu'ici, nous nous sommes concentrés sur les suspects qu'on nous désignait : Aubain, Josserand. Les moines semblaient d'autant plus hors de cause qu'ils étaient les premières victimes de l'assassin : Gilles, Aubain, Augustin. En outre, le Mont-Saint-Michel leur appartient. Cependant, pour un petit nombre d'entre eux, la guerre contre les Anglais n'est pas la priorité. Ils détiennent un secret et veulent le préserver par n'importe quel moyen.

– Vous parliez de les surveiller, seigneur, rappela Guiméné.

– Il faut les espionner, les traquer, les forcer à se trahir, confirma Louis avec feu.

– Nous avons déjà exploré l'abbaye, fit remarquer le Saxon.

– Sous surveillance ! Je veux pouvoir y entrer librement, sans témoin, à toute heure du jour et de la nuit, disposer des clés. Richard de Mantoue m'accordera ce privilège.

– Et s'il refuse ? objecta Jocelyn.

– Dans ce cas, il sera suspect, lui aussi, conclut Jean Setier.

Le capitaine observa ses chevaliers. Son idée faisait son chemin. Ils se levaient, discutaient fiévreusement, ils avaient soudain un but. En réalité, rien ne permettait d'incriminer les moines. Cette piste offrait le mérite d'apaiser les superstitions et d'unir les soldats contre un ou plusieurs adversaires vulnérables.

– Cependant, la statue… objecta Beauvoir.

Louis sourit avec dédain.

– Une statue qui saigne.

– Thierry l'a blessée !

– Un fameux archer, Thierry !

– Belle recrue !

Dans leur enthousiasme, ils s'étaient levés. Louis les imita.

– Prévenez nos hommes, ordonna-t-il. Inutile de préciser le sens de nos soupçons afin d'éviter un conflit avec la congrégation tout entière.

En disant cela, il songea à l'abbé. Comment réagirait-il ? Richard le premier avait douté de la culpabilité de Josserand et conseillé de poursuivre l'enquête. Soupçonnait-il alors l'existence d'un complot au sein du sanctuaire ? Rien ne permettait de l'affirmer, mais tout le laissait supposer. Lui poser directement la question ne l'avancerait guère. L'abbé ne dénoncerait pas ses frères à moins d'avoir une preuve tangible de leur culpabilité. Or, cette preuve, il ne la détenait pas.

Après un bref salut, Guiméné, Beauvoir et Criqui sortirent. Jean Setier les avait précédés. En passant la porte, Louis se cogna à son lieutenant qui revenait en toute hâte. Celui-ci lui désigna ce que les guetteurs observaient du haut des remparts : au large, deux autres vaisseaux avaient rejoint le voilier de Lancastre.

Trois navires ! Le blocus se resserrait.

26

Les assiégés mirent moins d'une heure pour réaliser que les nouveaux vaisseaux étaient bretons. En s'approchant de l'anglais, ils hissèrent le pavillon de Saint-Malo, le port des corsaires. Après avoir encadré le Lancastre, ils mirent un canot à la mer et montèrent à bord de leur allié pour parlementer, sans doute. Sur les remparts du Mont-Saint-Michel, les commentaires allaient bon train. On pariait sur un assaut conjoint ou bien sur une mésentente. Depuis longtemps la possession de la baie était une source de conflit entre Normands et Bretons. Puis le canot rejoignit son navire. L'anglais mit à la voile et s'éloigna le premier. Une demi-heure plus tard, les Bretons disparurent à leur tour. Devant la baie déserte et l'horizon libéré, les défenseurs du Mont poussèrent des cris de triomphe qui rappelaient ceux qui avaient retenti à la nouvelle de la victoire d'Orléans.

Certains allèrent fêter la victoire à l'auberge de l'Archange. Desgrées les servit, la mine maussade au milieu des buveurs euphoriques. Jonas, le Picard, leva son gobelet en l'honneur du duc de Bretagne.

– Notre compère Jean les a chassés d'un revers de main, comme des moucherons !

– Le duc n'est pas notre allié, s'emporta l'aubergiste. Il n'a qu'une amie : la Bretagne ! Il vend fort cher l'aide qu'il nous apporte alors que notre île tient en respect les Anglais trop envahissants à son goût. Le vin que vous buvez est fourni par ses corsaires, grâce à l'arraisonnement des navires de Guyenne. C'est du commerce ou du pillage, comme il vous plaira, pas de la générosité !

– Qu'importe, pourvu que le vin soit bon et que nous le buvions ! s'écria Yvon.

Jean Setier retint Desgrées qui prenait ses distances.

– L'étau se desserre, tu devrais être heureux !

À la manière dont l'aubergiste leva les bras au ciel, ils purent constater que sa blessure était guérie.

– Les Anglais sont toujours là, prévint-il d'un air sombre. Ils font mine de disparaître pour vous endormir, mais ils vous guettent. Et nous manquons de tout : grains, sel, huile, viande bientôt.

– Faute de mouton, nous mangerons du poisson, comme des moines ! s'exclama Beauvoir.

– Et faute de lait, nous boirons du vin, ajouta Guiméné.

– Si les pêcheurs reviennent, dit l'aubergiste.

– Deux barques la nuit dernière, ils reviendront, assura Setier.

– Sûr qu'ils reviendront. Ils nous vendent leurs baudroies et leurs colins deux fois leur prix !

– En comptant ce que tu mets dans ta poche, brigand ! railla Jocelyn.

L'aubergiste ne releva pas l'insulte, il en avait l'habitude depuis six ans qu'il faisait office d'intendant et gérait les fanils pour le compte de l'abbaye et de la cité. Il avait autre chose en tête.

Le capitaine aussi. Yolande d'Aragon lui avait fait livrer la solde de ses troupes par l'intermédiaire d'Arthur de Richemont. Or l'argent remis représentait à peine la moitié de ce qu'il espérait. Les hommes du connétable, Sévigné et Villeneuve, avaient juré que la somme était conforme à celle que la duchesse leur avait confiée. Les deux officiers étaient des gens d'honneur, ce n'était pas le cas de Richemont. Cependant, Louis n'avait pas contesté. À la guerre, chacun prenait sa part pour défendre son parti. Les grands capitaines justifiaient leurs rapines en étalant leurs victoires. Le Mont-Saint-Michel était seul et démuni, c'était sa noblesse et sa gloire.

Il leva sa coupe.

– Vive le roi !

– Vive Charles VII !

Tous les gobelets se levèrent d'un seul élan. Le roi de France, c'était Charles. Henri VI n'était qu'un usurpateur. Desgrées répéta l'hommage d'une voix vibrante, puis il ordonna à Atlas de percer un nouveau tonnelet en l'honneur du souverain.

L'auberge ne désemplissait pas. Les chevaliers qui arrivaient étaient aussitôt remplacés par ceux qui partaient en sorte que le guet des remparts était toujours assuré.

Héloïse demeurait invisible, comme toujours lorsque la salle était trop pleine. Les pèlerins, gagnés par la fougue des chevaliers, se laissaient emporter, même ceux qui refusaient de prendre parti entre Lancastre et Valois. Ils levaient leur coupe à la santé du roi, puis à la grâce de Jeanne, condamnée par le tribunal de l'Église sous l'influence de Bedford.

Louis rêvait du corps d'Héloïse, l'une des merveilles de la création. À présent, ses louanges étaient muettes, car ses paroles auraient été plus proches d'une invocation païenne que d'une action de grâces.

Héloïse. À l'instant où il pensait à elle, elle parut, vêtue d'une robe blanche qu'il ne lui connaissait pas. Elle traversa la salle, les yeux baissés, insensible aux regards posés sur elle, et, sans avoir l'air de remarquer la présence de son amant, elle sortit.

Au bout de quelques instants, n'y tenant plus, il sortit à son tour. Elle n'était pas dans la rue, ni du côté de la porte du Roy. Il l'aperçut sur les remparts et s'empressa de la rejoindre. Les chevaliers qui s'avançaient déjà vers elle s'éloignèrent avec respect, peut-être avec regret.

Le regard fixé au loin, la fille semblait l'ignorer, cependant un léger sourire trahissait la certitude qu'il viendrait la retrouver.

– Tu ne devrais pas t'exposer ! gronda-t-il.

Si elle l'avait questionné, il aurait été incapable d'expliquer pourquoi il avait dit ça. Elle retint ses cheveux d'une main pour les empêcher de voler. Ce furent ses paroles qui s'envolèrent, au point qu'il dut la prier de répéter.

– Je suis venue voir le printemps.

– Le printemps ?

Après tout un mois de pluie et de vent, il crut qu'elle se moquait.

– Je le sens.

Ses narines palpitaient comme celles d'un animal impatient. Elle pointa un doigt vers le rivage.

– J'ai envie de courir là-bas, de sentir l'herbe des prés, les odeurs, les bruits…

– Il ne tenait qu'à toi.

Elle fit la moue.

– Fontaine ? L'abbaye, toujours des murs !

Il savait ce qu'elle ressentait. À l'intérieur de ces clôtures, la nature était prisonnière. Les jardins s'étiolaient comme s'ils manquaient d'air, malgré le vent du large et la violence des marées. Il rêvait lui aussi de chevauchées, de longs voyages vers les pays du soleil, l'Italie, la Palestine. Il prit une de ses boucles folles entre ses doigts.

– Un jour, la guerre finira.

– Un jour…

Le regard d'Héloïse se voila. Ce jour-là signifierait leur séparation.

– Tu partirais avec moi ?

Il nota la joie fugitive, l'hésitation, avant la dénégation boudeuse, enfantine. Elle ne serait jamais qu'une fille, jamais l'épouse d'un parent des grands seigneurs des deux royaumes. Comme pour lui faire partager ses regrets, les mains agrippées à la pierre, elle se renversa en arrière dans un envol de cheveux blonds, reins cambrés, lèvres entrouvertes, aspirant la vie, d'une beauté à se damner. Et ces regrets, il les éprouva aussi. Jamais il ne pourrait se séparer d'elle, l'oublier. Il l'emmènerait, de force s'il le fallait. Heureusement, la guerre n'était pas près de se terminer. Heureusement ! Cette pensée le troubla. Il se mettait à aimer la guerre pour une mauvaise raison… pas si mauvaise, au fond.

Il allait l'enlacer quand le hurlement retentit. C'était le même appel puissant et lugubre annonciateur de malheur. Il n'avait plus retenti depuis dix jours, mais Louis savait inconsciemment qu'il reviendrait, et il le redoutait. Héloïse chancela comme si la voix inhumaine l'avait frappée. Ceux qui se trouvaient à l'intérieur de l'auberge en sortaient en courant. Puis Desgrées parut à son tour. Aussitôt, Héloïse s'éloigna en murmurant :

– À ce soir ?

Le vent avait forci, il souleva sa robe, révélant ses jambes. Louis n'avait pas le temps d'être jaloux. Il l'abandonna et rejoignit ses hommes qui montaient de tous côtés. Le Saxon les répartit par groupes de cinq. Ils fouillèrent la cité, les fortifications et l'abbaye jusqu'au soir, sans résultat. Le tueur demeura invisible. Son hurlement ne résonnait jamais deux fois. On percevait dans son cri une tristesse étrange, un accent déchirant, comme si le monstre accomplissait ses actes abominables contre son gré.

Ce jour-là, pourtant, il ne se passa rien. À la nuit tombée, le capitaine retourna à l'auberge après avoir doublé les postes de garde. Sauf exception, le meurtrier frappait dans l'obscurité. La nuit allait être longue. Dans son grenier, Louis resta aux aguets. Il avait résolu de rester loin d'Héloïse, mais la fille le rejoignit vers minuit : par une négligence suspecte, son père avait omis de l'enfermer.

D'abord, il voulut la renvoyer, il se déroba à ses baisers, puis la passion de son amante eut raison de sa froideur. Soudain, elle prit sa verge dans sa bouche ; elle n'avait jamais fait cela. Dans l'esprit de Louis, cette audace était réservée aux filles de joie. La maladresse d'Héloïse révélait son manque d'expérience, mais son application et son regard candide rendaient plus troublant l'exercice auquel elle se livrait sous la lumière de la chandelle.

– Diablesse !

Elle rit, victorieuse, sans relâcher l'objet de leur plaisir, et il s'abandonna à sa volonté avant de reprendre la maîtrise de leurs caresses. Ce fut au tour d'Héloïse de gémir, de supplier, tout son corps arqué, tandis que la bouche de Louis allait de son aisselle aux boucles pâles de son ventre, dont il aimait respirer l'odeur de fleur acide.

Comme il retardait l'instant de la pénétrer, elle pria :

– Vite, mon seigneur.

Il aimait ces mots inattendus, ces accents à la fois provocants et ingénus.

– Pourquoi vite ? demanda-t-il. Nous avons toute la nuit.

– Vous le savez bien, souffla-t-elle.

– Non, je voudrais que tu m'expliques.

– Je te déteste !

– Belle façon de dire je t'aime.

Il la prit avec brutalité, sachant que dans la jouissance elle préférait comme lui la violence à la tendresse, même si, longtemps après, repue de plaisir, elle se troubla encore lorsqu'il dessina du doigt les traits de son visage, explorant les fossettes des joues, les sourcils blonds, la ligne du petit nez insolent, la lèvre gonflée toute humide de sueur, le creux du menton avec des commentaires tendres.

– Même aveugle, je saurais que tu es belle.

Elle se blottit contre lui en poussant un drôle de petit grognement animal. Il l'aimait. Il était trop tard pour s'en défendre ni même le regretter. Il l'étreignit avec un rire silencieux qui ressemblait à du bonheur, et ils ne tardèrent pas à s'endormir l'un sur l'autre, hors de la couverture jetée à terre, leurs deux corps nus défiant la fraîcheur de la nuit.

Un vacarme les réveilla une heure plus tard. D'abord, Louis crut entendre le hurlement du meurtrier. Mais le cri était différent et il se multiplia, accompagné de chocs métalliques qu'il identifia aussitôt : un combat ! La nuit était obscure et la chandelle consumée s'était éteinte. Repoussant Héloïse, il se leva et se rhabilla à tâtons. Il trouva son épée, glissa le long de l'échelle, dévala l'escalier. En bas, une lumière brillait. Desgrées, réveillé, écoutait le tumulte de la rue. Le capitaine ouvrit la porte. À la lueur des torches, il vit alors le spectacle qu'il redoutait : les Anglais avaient envahi la cité !

27

Plusieurs dizaines d'Anglais casqués, cuirassés et armés de longues piques montaient à l'assaut de l'abbaye. D'autres enfonçaient les portes des maisons à coups de hache. Vers le bas de la rue, un grand feu s'élevait, comme si la porte du Roy était en flammes. Sur le pont, sous la herse ouverte, d'autres envahisseurs accouraient.

« Trop nombreux ! » pensa le capitaine. Sans hésiter, il se jeta dans la mêlée. À ce niveau de la rue, l'obscurité lui donnait l'avantage. Il frappa deux fois avant d'être repéré. Deux hommes tombèrent. Profitant du flottement de la troupe ennemie, il ramassa d'une main la hache d'armes perdue par l'une de ses victimes, et, son épée dans l'autre, il affronta un troisième adversaire, esquiva sa pique et lui porta un coup de lame en travers de la gorge. L'homme leva son bouclier pour se protéger, puis il s'abattit en arrière dans un fracas de métal. En haut de la tour du Nord, une trompette retentit. Une seconde lui répondit. « Il est bien temps ! » fulmina Louis.

Ses gens se réveillaient. De petits groupes résistaient déjà sur les escaliers menant aux remparts. Le haut de la grande rue était le théâtre d'une lutte féroce, ponctuée d'appels et de cris d'agonie. Les combattants défendaient l'accès au grand degré et au châtelet. Le capitaine aurait voulu se joindre à eux, cependant les ennemis étaient trop nombreux. Il se baissa pour esquiver un coup de hache et bondit sur les marches de pierre qui menaient aux remparts. En haut, jugea-t-il, il aurait une vision plus nette de la situation.

Un Anglais lourdement armé le précédait. Il le rattrapa, lui faucha les jambes et le fit basculer d'un coup de botte. L'homme tomba dans un jardin en contrebas. La cité martelée de toutes parts résonnait comme une enclume. Dans l'ombre il était difficile de distinguer amis et ennemis.

Sur le chemin de ronde, on se battait. Devant les feux de garde, Louis aperçut les frères de la Motte, dos à dos, l'épée à la main, face à quatre adversaires. Il s'élança en renfort. D'autres les rejoignirent. Ils repoussèrent les assaillants, libérèrent le rempart entre la tour Béatrix et la tour Boucle. Du haut de ce lieu élevé, ils dominaient la grande rue où se pressaient les Anglais. Les envahisseurs semblaient maîtres de la cité. Vers l'abbaye, la lutte semblait plus confuse.

– Les archers, rameutez les archers ! ordonna le capitaine.

Cinq accoururent, c'était peu, mais Louis distingua Thierry et Lancelot, les plus adroits. Si la position leur donnait l'avantage, la nuit les empêchait d'en tirer parti, et les corps à corps faussaient les cibles.

– Lancez les torches ! ordonna le capitaine.

Les hommes enflammèrent des brandons et les jetèrent parmi la foule des combattants au risque d'enflammer les façades de bois. Ils explosaient en gerbes d'étincelles sur les casques et les écus. Dès qu'un Anglais était repéré, les archers le harcelaient. Menacés, les envahisseurs dressèrent un rempart de boucliers. Cependant, cette tactique contrariait leur assaut.

Les défenseurs du châtelet comprirent la manœuvre. Un feu s'éleva sur le grand degré extérieur. À la lueur des flammes, Louis reconnut Jean Setier, Robert de Beauvoir et Jocelyn de Criqui. Il avait l'impression d'entendre l'accent germanique de son lieutenant dans le fracas du combat. Il cessa d'observer la bataille pour contenir un nouvel assaut. Le tir rapide des archers repoussa ceux qui s'élançaient à la conquête des remparts. Le combat fut longtemps indécis, puis les Anglais, pris entre deux feux, commencèrent à refluer. Ils avaient compté sur l'effet de surprise pour conquérir l'île sans difficulté. La furieuse réaction des défenseurs avait déjoué leur manœuvre.

Ils se regroupèrent sur la place du Roy jusqu'à ce que le déferlement des chevaliers de Saint-Michel les disperse. Après une heure de carnage, leur trompette sonna la retraite. Ils se bousculèrent au passage de la herse, abandonnant leurs morts et leurs blessés, pour ne pas être pris entre l'ennemi et la marée montante.

– Laissez-les partir ! cria le capitaine.

De tous côtés des torches s'allumaient. En hâte, on releva le pont et on abaissa la herse. Les derniers Anglais, pris au piège, jetèrent leurs armes et se rendirent. Le capitaine inspecta le champ de bataille où les moines ramassaient les blessés sous la conduite de frère Herbert. On dénombra huit morts du côté anglais et sept du côté français, ainsi qu'une dizaine de blessés en nombre égal dans les deux camps.

Maîtres de l'île, les défenseurs brandirent leurs armes avec un long cri de victoire. Cependant, Louis et Jean demeuraient soucieux. En pleine nuit, l'ennemi avait franchi les remparts sans alerter la garde. Qui avait abaissé le pont, relevé la herse, ouvert la porte ?

Dans leurs cages, les chiens de guerre chargés de donner l'alarme gisaient tous les cinq inanimés.

– Où est la garde ? s'emporta le capitaine.

– C'est Jonas qui veillait, précisa l'officier. Dix sergents étaient avec lui.

– Où sont-ils, ces traîtres ?

Ils explorèrent en hâte la tour et les logis. Dans le poste de garde, ils découvrirent les onze hommes inanimés. D'abord, ils les crurent morts, victimes des assaillants, comme les chiens, mais ils dormaient. Le Saxon réveilla le chevalier picard à coups de pied. Jonas se dressa, ahuri, vacillant.

– Le vin, seigneur, bégaya l'un des gardes.

Le capitaine renifla les contenus des gobelets et le filet qui s'écoulait d'un fût renversé. Son lieutenant goûta le breuvage et fit la grimace.

– Du poison ?

Le capitaine fit rouler le fût d'un coup de pied.

– Ils seraient morts ! Le vin devait contenir un narcotique. On a endormi nos hommes. Ensuite, quelqu'un a ouvert la porte aux Anglais. C'est lui qui m'intéresse !

– Vous croyez… ?

Jean, lui aussi, songeait au tueur, au hurlement, à sa menace.

– Les Anglais étaient prévenus, dit Louis, catégorique. Ils attendaient à l'extérieur le signal de leurs complices. L'attaque faisait partie d'un plan préparé avec soin.

– Trouvons le Judas ! s'écria le Saxon.

– C'est Desgrées, dit Jonas.

– Desgrées ?

– Le vin, c'est le sien !

– Allons à l'auberge ! Oui, à l'auberge ! crièrent les soldats.

Le capitaine rétablit le calme.

– J'interrogerai moi-même l'aubergiste. Occupez-vous des blessés et des prisonniers. Estimez les rançons.

Ce dernier argument tempéra la colère des chevaliers. Tandis qu'ils remontaient la Grande Rue, Louis gagna l'auberge en compagnie de Jean Setier. Ils trouvèrent la porte enfoncée. À l'intérieur, Héloïse soignait deux pèlerins légèrement blessés au cours de l'attaque. Desgrées, aidé d'Atlas, éteignait le feu qui dévorait la paille de l'écurie, Tristan calmait les bêtes affolées.

Le Saxon saisit l'aubergiste à la gorge et le plaqua contre le mur de l'écurie.

– C'est toi, misérable, qui as fourni le vin aux guetteurs.

– Comme toujours, messire, dit Desgrées en se débattant.

– Et qui l'as empoisonné !

– Du poison ? s'exclama l'aubergiste.

– Un narcotique, rectifia le capitaine.

Il obligea l'officier à lâcher prise. Desgrées lança des regards venimeux à ses accusateurs. Sa tunique tachée de sang indiquait que sa plaie s'était rouverte.

– J'ignore tout de ce crime, grogna-t-il en se frottant la gorge. C'était le vin habituel. Non, celui-là on me l'a livré avant-hier, un passeur, il se nomme Mauléon. Il est au service des Lanquellec de Saint-Malo, des hommes sûrs. Venez, si vous ne me croyez pas.

Il les conduisit vers l'arrière-salle de l'auberge. Sur le plancher, une trappe accédait à un cellier souterrain. Desgrées la souleva. La lumière d'une chandelle éclaira des marches de bois. En bas s'empilaient des sacs et des barils. L'aubergiste désigna des fûts disposés à l'écart des autres.

– Les voici, il en reste trois. Le quatrième est celui que vos hommes ont pris hier au soir. Six écus, c'est ce que j'ai payé à ce Mauléon. Du poison ! Comment me douter ?

Le capitaine fit cesser ses protestations. Il vérifia les fûts. Chacun était bouché hermétiquement et cacheté à la cire verte. Il fit rouler l'un des trois du bout du pied.

– Vérifions celui-là !

Le Saxon le chargea sur son épaule. Dans la salle, il l'ouvrit et versa quelques gouttes dans un bol, puis il questionna Louis du regard : sur qui tester le breuvage ?

– Un agneau, messire, proposa Desgrées. J'en ai un justement.

Le jour se levait. Ils allèrent trouver Tristan et lui ordonnèrent d'apporter l'agneau à l'auberge. Le valet obéit. En voyant son maître mélanger le vin au lait de brebis, il s'inquiéta. Ils durent le rassurer. L'agneau but sans difficulté. Quelques minutes plus tard, il se coucha et s'endormit.

– Il dort ! Il dort ! répétait Tristan en riant.

– Comme nos hommes, gronda le lieutenant. Des moutons !

Desgrées serra les poings.

– C'est ce Mauléon qui a drogué mon vin. Le maudit devait être en cheville avec les Anglais. Un Breton, je lui faisais confiance !

– Admettons, dit le capitaine. Cependant ce n'est pas ton Mauléon qui a ouvert la herse et abaissé le pont. Le complot a été ourdi de l'intérieur.

Le Saxon acquiesça avec fureur.

– Les chiens ont été drogués, eux aussi, empoisonnés, et ils n'ont pas bu de vin ! Il y a des traîtres qui savaient que les gardes étaient endormis.

– Un plan préparé et exécuté avec soin.

– Plus de vin, désormais, exigea le capitaine.

– Plus de vin, répéta l'aubergiste.

– Ce narcotique, il faudra savoir ce que c'est.

– L'abbé nous le dira.

Alertés par des cris, ils sortirent de l'auberge. Les prisonniers anglais, au nombre de neuf, étaient attachés les uns aux autres par une corde. Parmi eux se trouvaient des blessés.

– Conduisez-les à l'infirmerie, commanda le capitaine.

Il accompagna lui-même le petit groupe vers l'abbaye. Dans l'infirmerie, Herbert allait de l'un à l'autre. Louis vit plusieurs de ses compagnons : Monclair, Esquilly, Eymond, Yvon. Il s'arrêta auprès de ce dernier. Un fer de hache avait enfoncé les mailles de sa cotte profondément dans la chair de son épaule.

– Une de plus, plaisanta-t-il en effleurant les cicatrices qui marquaient le torse du jeune chevalier.

Les yeux d'Yvon brillaient de fierté.

– Ce ne sera pas la dernière, seigneur.

Près de lui, le capitaine vit Estienne, ses deux poignets bandés.

– Il s'est battu comme un diable ! dit le Saxon.

– Comme un archange, rectifia le forgeron.

Plus loin, Jocelyn de Criqui râlait, le crâne ouvert. Un moine agenouillé récitait la prière des agonisants. Le cœur du capitaine se serra en rencontrant le regard du Bénédictin : plus d'espoir !

Vers le fond de la salle, Herbert pansait la main d'un chevalier anglais de belle mine. Louis se promit d'interroger le prisonnier. Peut-être livrerait-il le nom du traître. La victoire qu'il venait de remporter n'était pas à dédaigner. Cependant, il demeurait inquiet : l'invasion avait eu lieu, elle avait failli réussir et pouvait recommencer. Il songea au hurlement mystérieux. Il retentirait encore comme un signal de mort tant que le coupable ne serait pas démasqué.

En sortant de l'infirmerie, il s'arrêta pour contempler la mer. Vers l'est, un soleil énorme, couleur de sang, se levait. Funeste présage. Qui, en dehors de saint Michel, avait le pouvoir de vaincre le démon ?

28

Après avoir rendu visite aux blessés, le capitaine alla inspecter les morts, alignés dans la cour du Roy. Deux barques, au creux du rocher, attendaient la marée pour les emmener au large et les ensevelir en mer. Parmi les corps, amis et ennemis confondus, se distinguait un Anglais de très haute stature, dont les compatriotes captifs prétendaient ignorer le nom. L'homme avait reçu trois flèches, l'une en plein cœur.

– Si c'était le diable ? suggéra le Saxon.

Le capitaine crut à une plaisanterie.

– Quel diable ?

– Le nôtre, répondit le Saxon le plus sérieusement du monde. Celui qui nous décimait impunément. Si les Anglais ignorent son identité et si nous ne l'avons jamais vu, pourquoi ne serait-il pas l'ennemi mystérieux qui a livré l'île à nos ennemis ?

Le capitaine examinait le géant quand un prisonnier dissipa le mystère.

– Moi, je le connais. Il se nomme Egberg, c'est un mercenaire danois qui faisait partie des renforts envoyés par le bailli du Cotentin, Jean de Harpeley. Il est arrivé il y a huit jours, sa guerre aura été brève !

À sa main bandée, Louis reconnut le chevalier qu'il avait remarqué à l'infirmerie. Celui-ci se nomma : Thomas Bohum, parent du comte de Hereford. Les deux hommes s'entretinrent quelques instants. Le prisonnier parlait un français élégant, et ses manières étaient celles d'un gentilhomme. Louis se plut en sa compagnie si bien qu'il la rechercha les jours suivants. Bohum répondait très librement à ses questions. Il était sincère en prétendant ignorer les circonstances qui avaient ouvert les portes de la citadelle à ses compagnons. À Tombelaine, on parlait d'une malédiction qui frappait les Français, mais on ignorait tout du démon acharné à leur perte.

– Le diable serait notre allié ? ironisa Bohum.

– C'est le bruit qui court dans la cité de saint Michel.

Les deux hommes échangèrent un regard amusé. Huit jours après l'invasion manquée, ils en plaisantaient encore quand les trompettes signalèrent l'approche de plusieurs cavaliers anglais. Le capitaine monta au sommet de la tour du Roy avec son prisonnier. Il compta six cavaliers et nota la beauté de leurs montures et la richesse de leurs habits.

– Ils viennent nous provoquer ! lança le Saxon.

– Négocier, le reprit Louis. Sans doute la remise des captifs.

Bohum désigna celui qui venait en tête.

– C'est Laurent Haulden, successeur de Nicolas Burdett, le capitaine de Tombelaine. Vous pourrez lui poser les questions auxquelles je n'ai pas su répondre.

Louis lança aussitôt ses ordres. Dix minutes plus tard, lorsque les cavaliers arrivèrent devant la citadelle, ils trouvèrent le pont baissé, les portes ouvertes, et cent chevaliers de Saint-Michel, la plupart en armures, alignés sur deux rangs, de la place du Roy au grand degré. Cette haie d'honneur était l'occasion pour les défenseurs d'afficher leur puissance.

Laurent Haulden mit pied à terre et s'avança vers Louis d'Estouteville, campé à mi-chemin. Vêtu de velours noir et armé d'une épée à poignée d'or, l'Anglais ressemblait davantage à un favori de la cour d'Henri VI qu'au gouverneur de la modeste Tombelaine.

– Seigneur capitaine, dit-il avec l'accent de Cornouailles, permettez-moi de vous féliciter de votre victoire.

Louis s'inclina, la main sur le cœur.

– Merci, messire. À mon tour, permettez-moi de louer votre audace : attaquer le Mont-Saint-Michel en pleine nuit est un exploit digne des chevaliers du roi Arthur.

Haulden ne releva pas l'ironie. Seule une crispation des mâchoires montra qu'il n'appréciait guère l'allusion à son attaque perfide. Il salua les Français impeccablement alignés.

– Une défense aussi vigoureuse qu'héroïque. Quand on sait que vous manquez de tout !

Devançant la réaction de Louis, il confia à mi-voix :

– Ce blocus ne me convient pas. Assiéger un château ou une ville rebelle, soit. Mais une abbaye aussi magnifique et révérée ! Pour ma part, je préfère les combats plus nobles, face à face, en plein jour, et à armes égales. Mais l'honneur me commande d'obéir à monseigneur de Bedford, comme vous obéissez au dauphin.

– Vous voulez dire le roi de France, rectifia Louis.

Laurent Haulden le concéda d'un geste un peu hautain avant de reprendre :

– J'ai appris avec regret que votre citadelle était la proie d'une série de meurtres mystérieux, sachez que je le déplore.

– N'avez-vous rien à me confier à ce sujet ? demanda Louis.

– Non, sur mon honneur !

La protestation sonnait faux, et Louis allait mettre en doute la bonne foi de l'Anglais quand l'arrivée de Richard de Mantoue fit diversion à la discussion qui menaçait de dégénérer.

– Sir, permettez-moi de vous présenter monseigneur de Mantoue, abbé du Mont-Saint-Michel, dit Louis.

Haulden inclina sèchement la tête et s'étonna :

– Je croyais que votre abbé se nommait Robert Jolivet ?

Richard sourit avec candeur.

– Monseigneur Jolivet n'est-il pas le chef de quelque riche abbaye anglaise ?

– Il est fidèle à son roi, répliqua l'un des chevaliers anglais.

– Fidèle ? ironisa Louis.

– Fidèle à Henri VI, seigneur de Normandie.

– Le roi des Anglais ! gronda Jean Setier, incapable de contenir sa colère.

Haulden leva la main en signe de paix.

– Je ne suis pas venu chercher querelle. J'apporte un message de monseigneur le duc de Bedford, régent du royaume et capitaine général de Normandie.

Louis se disposait à contester la légitimité du duc quand l'abbé intervint.

– Nous sommes honorés de votre visite, monsieur l'ambassadeur. Entendez-vous la cloche ? Elle sonne l'heure de notre repas. Voulez-vous nous faire le grand honneur de le partager, si toutefois il ne vous semble pas indigne de votre rang ?

– Nous sommes soldats, répliqua Haulden avec hauteur, et à ce titre moins sensibles aux privations que vos moines.

– Dans ce cas, suivez-moi, seigneur capitaine, dit l'abbé avec un bon sourire.

Il précéda la délégation jusqu'au châtelet où flottaient les armes de France. Louis s'attendait à gagner le réfectoire des moines. À sa surprise, Richard les guida vers la majestueuse salle des Hôtes. Là, deux tables recouvertes de nappes brodées étaient dressées. Un feu généreux flambait dans les hautes cheminées. Quatre chandeliers d'argent éclairaient des couverts destinés à trente-deux convives, seize par table. Des tapisseries de Flandres masquaient la partie de la pièce dévolue aux cuisines.

Les moines, prévenus, vinrent saluer les invités. Richard de Mantoue les présenta et leur ordonna d'exposer les travaux de leurs prédécesseurs. Laurent Haulden admira les enluminures et les manuscrits précieux de l'abbaye. Ses commentaires sur les traductions des auteurs grecs et latins révélèrent des connaissances étonnantes chez un personnage que Louis avait considéré dès l'abord comme un être uniquement voué à la guerre.

Cependant, les moines n'en finissaient pas de présenter leurs chefs-d'œuvre, le temps passait, et les Anglais commençaient à manifester des signes d'impatience quand l'abbé les pria de passer à table, réservant la place d'honneur à Haulden qui jugea ce privilège approprié. Louis devina le dessein de Richard lorsque des serviteurs apportèrent les mets : des poissons de mer et de rivière, des chapons, des fromages et d'appétissants gâteaux au miel décorés de pâte d'amande. Un menu digne d'une table princière. Ainsi, l'abbé avait fait patienter les Anglais afin de laisser le temps aux cuisiniers de préparer un repas puisé dans les ressources surprenantes de ses celliers, et servi dans de la vaisselle d'argent.

– Le carême est fini, messieurs, dit le moine d'un ton léger. Je vous invite à succomber sans remords au péché de gourmandise.

Pendant son discours, un serviteur commis au rôle d'échanson versait aux convives un vin aux reflets dorés contenu dans un flacon de cristal. Un soupçon effleura le capitaine : Si l'abbé allait offrir à ses ennemis la boisson toxique qui avait endormi la garnison ? Il fut presque déçu de constater que le cristal contenait du vin d'Aquitaine, l'un des meilleurs du caveau de l'abbaye.

Il se consola devant l'air renfrogné d'Haulden. L'Anglais était venu rendre visite à une armée assiégée, harcelée, affamée, démoralisée, et, au lieu de ce spectacle misérable, il découvrait des gens joyeux et florissants, dont l'ordinaire était plus riche que le sien. Peu dupe de la comédie qu'on lui jouait, Haulden mangea d'abord en silence, plus exactement il rumina, puis, n'y tenant plus, il se leva et toisa l'assemblée jusqu'à ce que les conversations cessent, y compris celles de ses chevaliers, gagnés malgré eux par la bonne humeur des convives.

Il y avait là, outre l'abbé et Louis d'Estouteville, les dignitaires de l'abbaye, Jean Setier, les six chevaliers les plus titrés de la garnison, ainsi que Thomas Bohum, dont Louis appréciait toujours la compagnie.

– Messieurs, lança Haulden, comme je vous le disais, je suis porteur d'un message de monseigneur le duc de Bedford. L'oncle du roi me prie de vous faire savoir qu'il est disposé à racheter votre île.

Après cette entrée en matière inattendue, l'Anglais marqua un silence pour donner plus de solennité à son discours tandis que les Français échangeaient des regards incrédules ou indignés. Racheter le Mont-Saint-Michel, Haulden se moquait de l'assemblée !

Cependant, l'Anglais poursuivit le plus sérieusement du monde :

– Si vous acceptez la proposition du régent, faite au nom de notre souverain, je le précise, l'abbaye demeurera en état, bâtiments et congrégation, à cette différence qu'elle recouvrera l'intégralité des domaines anglais et normands qui ont assuré sa prospérité.

Il s'adressa sans transition à Louis d'Estouteville.

– Quant aux valeureux membres de la garnison, ils seront autorisés à quitter l'île avec leurs armes et leurs biens. Si certains ont perdu leurs domaines au cours de la guerre, ils leur seront rendus. Pour tout cela, vous recevrez quarante mille écus, à répartir à votre gré. Vous pourrez rejoindre librement votre dauphin et vous joindre à ses armées.

– Le roi n'a pas besoin de nous pour vaincre, gronda Jean Setier. Saint Michel, si.

Laurent Haulden ignora superbement l'interruption du Saxon. Il se rassit, et, levant sa coupe, il la vida d'un trait. Comme les chevaliers français, se jugeant insultés, commençaient à quitter ostensiblement la table, l'abbé leur fit signe de rester à leur place, puis il prit Louis à témoin :

– C'est une proposition généreuse, n'est-ce pas, capitaine ?

– Très généreuse, acquiesça Louis, surtout venant d'une armée et d'un royaume ruinés par la guerre.

– J'ai moi-même une offre à vous faire, enchaîna l'abbé. Je suis prêt à vous racheter l'île de Tombelaine pour quarante mille écus.

Laurent Haulden émit un rire forcé.

– Vous plaisantez ?

– Pas le moins du monde.

– Où prendrez-vous une telle somme ?

– Nous puiserons dans nos réserves. Vous savez sans doute que notre abbaye a reçu du roi le privilège de battre monnaie. Ce sont de beaux écus frappés à l'effigie de saint Michel.

– Admettons, dit l'Anglais avec dédain. Mais que feriez-vous de notre forteresse ? Votre garnison est trop faible pour défendre à la fois Saint-Michel et Tombelaine.

– Il n'est pas question de faire de Tombelaine une place militaire, rassurez-vous.

– Non ? Et quel serait son usage ?

– Nous construirions un monument à la gloire de Jeanne d'Arc, injustement condamnée par un tribunal ecclésiastique à la solde du duc de Bedford.

Jean Setier et Lancelot d'Auray applaudirent. Les autres éclatèrent de rire tandis que les Anglais se levaient, ulcérés.

– Je vois, messieurs, qu'il me reste à vous dire adieu, dit Haulden avec hauteur.

– Pas si tôt, sir, répliqua Louis. La mer vous retient ici jusqu'au crépuscule. Vous aviez fait un meilleur calcul avec la marée certaine nuit de la semaine dernière.

L'abbé fit signe à l'échanson de remplir les coupes.

– Je vous engage tous à oublier vos querelles et à finir votre repas.

– Vous repartirez ce soir avec les prisonniers, promit Louis. Six d'entre eux sont blessés, mais ils peuvent voyager. Un seul est encore trop faible pour quitter l'île. Nous le reconduirons à Tombelaine aussitôt qu'il sera guéri.

– Pour ma rançon… intervint Bohum.

Le capitaine l'interrompit.

– Vous êtes ici notre invité, pas notre prisonnier. Entre nous, monsieur, votre compagnie est plus chère à mes yeux que les beaux écus de votre roi. Vous êtes libre.

Comme il prononçait ces nobles paroles, qui le privaient d'un profit bienvenu, un hurlement le fit sursauter. Il résonna avec une telle puissance qu'on aurait dit que son auteur se trouvait dans la salle des Hôtes, cependant ce n'était qu'une illusion. Le cri menaçant provenait de l'extérieur. Louis aperçut une ombre derrière l'une des hautes fenêtres. Les convives avaient entendu le cri, eux aussi. Certains étaient intrigués, d'autres effrayés, car il signalait toujours l'imminence d'un malheur.

– J'ai déjà entendu cela, ici même, dit Bohum. Quel étrange animal, un rapace, sans doute ?

– Un rapace, confirma Louis.

29

Du sommet de la tour du Nord, Louis et Richard regardaient s'éloigner les Anglais, les blessés les plus graves juchés sur les chevaux, les autres à pied. Laurent Haulden marchait en tête de la colonne, tenant son coursier par la bride.

– Vous avez bien agi en libérant les prisonniers, déclara l'abbé.

Son accent était chaleureux. Le capitaine sourit.

– Après l'estocade que vous lui avez portée durant le repas, j'étais bien forcé de me montrer magnanime ! Un monument à la gloire de Jeanne d'Arc, c'est le ciel qui vous a inspiré !

Richard éclata de rire. Depuis son face-à-face avec les émissaires anglais et sa contre-attaque verbale, il semblait avoir rajeuni.

– Cet affront ! Vouloir acheter le Mont-Saint-Michel, comme s'il s'agissait d'un misérable champ de luzerne ! Bedford se croit tout permis, son orgueil le perdra.

– Amen ! conclut le capitaine.

Le hurlement souffla leur rire comme la flamme d'une bougie. Il retentissait pour la troisième fois depuis l'aube. D'ordinaire, c'était un cri unique, une plainte lugubre. Ce jour-là, il exprimait la fureur.

– Il nous défie, murmura Louis.

Comme toujours, on n'arrivait pas à le situer, tantôt à l'est, tantôt à l'ouest, toujours en mouvement et chaque fois invisible. Il déchirait brusquement le silence, provenant du ciel probablement, « un rapace », avait dit Bohum.

– Une voix humaine, constata l'abbé sans s'émouvoir.

– Inhumaine, corrigea le capitaine en portant la main à son épée, par réflexe.

– Favorable aux Anglais, en tout cas.

– Vous pensez qu'il leur adresse un signal ?

L'abbé secoua la tête.

– Ce n'est pas ce que je veux dire. Mais tous ceux qu'il a sacrifiés étaient fidèles à Charles VII et hostiles à Henri VI : Gilles, Aubain, Augustin, Michel, votre lieutenant, Henriet, l'avocat, Jérémie, le vétéran, tous, sans exception.

– Il fait le jeu de nos ennemis, pourtant…

Le capitaine leva les yeux vers le ciel comme pour trouver une réponse à son interrogation. Les jours précédents avaient effacé définitivement l'hypothèse d'une complicité des gens de l'abbaye : tous les moines, sans exception, étaient habités par la peur du diable. Ils délaissaient leurs travaux, se réfugiaient dans la prière, évitaient de s'isoler et exigeaient la présence des chevaliers au sein du sanctuaire. Innocents, oui, Louis le croyait, et ses hommes partageaient son opinion, même Jean Setier, le plus soupçonneux de tous.

– On dirait que le tueur lit nos pensées.

– Il nous surveille, en ce moment, peut-être.

Richard frissonna. « Il croit à l'esprit du mal », songea Louis. En d'autres circonstances, il se serait moqué de lui.

– Ce diable est un mystère, murmura-t-il.

Un geste de mauvaise humeur trahit l'anxiété de l'abbé.

– Vous ne pouvez pas choisir un autre nom ?

– Le monstre, l'assassin, l'exécuteur, choisissez ! La bête est un mystère. Nous l'avons blessée, elle est donc vulnérable. Or, j'ai examiné tous les habitants de l'île sans exception. Nous avons trouvé du sang, suivi ses traces et, moins d'une heure après, elle s'est acharnée sur les gens de l'auberge. Elle a égorgé Henriet, poignardé Desgrées, assommé Atlas…

– … Épargné Héloïse, fit remarquer Richard.

– C'est vrai. Quelque chose nous échappe, tout nous échappe !

Louis abattit son poing avec rage sur l'un des piliers.

– Nous n'en savons pas plus qu'au premier jour.

L'évocation de la tuerie de l'auberge avait fait surgir le souvenir d'Héloïse. Cette nuit, elle n'était pas venue le rejoindre, et son désir le tourmentait.

– Ces mets savoureux, ces harengs, ces anguilles, ces chapons, c'était Desgrées ?

– C'était lui, confirma l'abbé. Dès qu'il a su ce que nous projetions, il s'est mis en quatre. L'homme a des ressources insoupçonnées, plus riches que nos fanils. Tirer vengeance des Anglais en les régalant, certains auraient hésité, lui n'a pas lésiné, il a tout fourni.

– Sauf le vin, ironisa Louis.

– Sauf le vin, acquiesça l'abbé. Pourtant, rendre aux Anglais le nectar qu'ils nous ont offert…

– Vendu, rectifia le capitaine, vendu, et fort cher !

Plus qu'au prix payé au contrebandier par l'aubergiste, Louis pensait aux victimes de l'assaut.

– J'aurais dû questionner Haulden à ce propos, ajouta-t-il d'un air pensif.

L'abbé leva la main avec une mollesse désabusée.

– Il n'aurait pas révélé le nom de ses complices, ceux qui ont endormi nos défenseurs, ouvert les portes, empoisonné nos chiens.

– Ceux ? Vous avez dit ceux ?

– Ils sont plusieurs, dit l'abbé avec conviction. Un homme seul n'aurait jamais pu mettre en œuvre un plan aussi diabolique.

– Un homme, non, mais un diable, précisément ?

L'abbé pinça les lèvres.

– Êtes-vous sûrs de vos gens ?

– Êtes-vous sûrs des vôtres ? répliqua le capitaine.

Comme l'abbé ne répondait pas, il rompit le premier un silence désagréable.

– Je vais remercier Desgrées.

– Il pensait que Richard allait l'accompagner, mais l'abbé resta immobile, comme s'il n'avait pas entendu, vexé peut-être par l'allusion du chef de la garnison – mais n'avait-il pas attaqué le premier ? Quoi qu'il en soit, Louis s'en félicita car sa démarche était le prétexte de revoir Héloïse.

Dans la salle de l'auberge, Atlas balayait le plancher. Deux pèlerins parlaient à voix basse. Desgrées était assis au coin du feu, ridé, avachi, assoupi, l'air d'un vieillard. Louis lui pressa l'épaule.

– Où est ta fille ?

L'aubergiste sursauta.

– Dans sa chambre, dit-il, agressif. Qu'est-ce que vous lui voulez ?

– Je veux la questionner.

Desgrées frotta sa poitrine ; un tic qu'il avait conservé depuis sa blessure.

– Encore ! Pourquoi ne pas la laisser en paix ? Ma fille a besoin de repos. Cessez de l'exposer à tous les périls qui nous menacent.

– Ce n'est pas mon intention, protesta le capitaine. Au contraire, je désire la protéger.

– Belle manière !

L'homme se dressa, menaçant. Soudain, ce n'était plus un vieillard, mais un rustre au corps vigoureux prêt à se mesurer au maître de la garnison. Il en fallait davantage pour impressionner le capitaine.

– Un instant, seulement.

Sans attendre une autorisation qu'il ne lui accorderait pas, il contourna l'aubergiste et prit la direction de l'escalier. Arrivé en haut, il entra dans la chambre sans frapper. Assise sur une chaise, devant la fenêtre, Héloïse lui tournait le dos. Elle avait dû entendre sa voix et reconnaître son pas, cependant, faussement absorbée par le spectacle de la rue ou de l'abbaye, elle ne lui accorda pas un regard. Elle avait sa robe bleue et ses cheveux défaits, comme il la préférait.

Il referma la porte, s'approcha d'elle et posa les mains sur ses épaules, à la limite du col de dentelle. Elle frémit, toujours sans tourner la tête et sans une parole.

– Je suis bien seul, murmura-t-il.

Comme elle restait muette, il enfouit son visage dans ses cheveux et fut enveloppé d'un parfum agréable. Dès le premier instant, il avait aimé le soin qu'elle prenait de son corps, dans cette île, forteresse assiégée, soumise parfois à la pénurie d'eau.

– Je ne peux pas !

Elle serra les mains dans un geste convulsif qui était peut-être une prière.

– Ton père ?

– Lui, oui, il me l'interdit, souffla-t-elle.

Ses doigts sentirent la rigidité de sa nuque. Elle souffrait.

– Je vais lui parler !

– Non !

Elle tourna vers lui un visage ravagé par le chagrin, ses joues brûlantes et ses beaux yeux emplis de supplication et de peur.

– Tu veux dire… Il ne savait pas ? murmura-t-il, incrédule.

– Si, bien sûr, mais... Un autre, il l'aurait tué, chuchota-t-elle.

– Je lui expliquerai.

Elle s'affola.

– Que veux-tu lui expliquer ?

– Ce que nous éprouvons l'un pour l'autre.

– À quoi bon ? Tu sais que c'est impossible, Louis.

Il comprit ce qu'elle voulait dire : lui, un grand seigneur, elle, une fille d'aubergiste. Si son père refusait de l'entendre, il n'y avait pas d'issue. Ils étaient tous deux prisonniers de l'île, prisonniers d'eux-mêmes, et cette idée lui était intolérable.

– Alors, c'est fini ? demanda-t-il d'une voix blanche sans oser y croire.

Il aurait voulu punir son refus, son air résigné, le pli amer de sa bouche, son regard fuyant. N'était-il pas le maître ? Non, il ne l'était pas avec elle. Son amour dévorant le rendait vulnérable.

– C'est bien, dit-il avec froideur.

Il libéra ses épaules et s'arracha d'elle. Il pensait qu'elle allait le retenir, mais elle n'en fit rien. La sonnerie des trompettes de la porte du Roy donna un motif à Louis de cacher son dépit. Il sortit en claquant la porte. Lorsqu'il traversa la salle d'hôtes, il n'eut pas un regard pour Desgrées. Il ne l'avait pas remercié, il ne le ferait pas.

Les trompettes annonçaient l'arrivée d'un chariot escorté d'un cavalier anglais. Ils venaient tous deux de Tombelaine. La voiture avançait lentement sur le sable pour éviter les pièges de la marée basse. Elle pouvait s'embourber ou carrément disparaître. Elle ne le fit pas : le conducteur connaissait le pays. Lorsque le chariot parvint devant la porte de la cité, les défenseurs constatèrent qu'il était chargé de sacs, de paniers et de tonnelets.

– Des présents de monseigneur Haulden, annonça le cavalier.

– Du vin empoisonné ! ricana l'un des gardes.

– Ouvrez la porte, levez la herse ! ordonna le capitaine.

Le chariot passa le pont et s'immobilisa au milieu de la cour du Roy. Celui qui menait l'attelage était un simple paysan. Il aida les gardes à décharger les provisions : du vin, de l'huile de noix, des grains et des paniers de fruits secs.

– On dirait que l'Anglais a apprécié notre banquet, plaisanta le Saxon.

Le capitaine hocha la tête.

– Il nous remercie d'avoir libéré les prisonniers.

– C'est un noble geste.

Desgrées, qui furetait autour du chariot, cracha sur le sol en signe de mépris.

– Noble, dites-vous ? Regardez ce qui est inscrit sur les sacs et les tonneaux !

– Tu sais lire, toi, le tavernier ? railla un soldat.

Desgrées le foudroya du regard.

– Je sais lire Saint-Malo. Voyez-vous ce symbole ? C'est celui de nos fournisseurs. Ces provisions nous étaient destinées. Les Anglais les ont confisquées. Beaux présents, en vérité ! Ils ne font que nous restituer ce qu'ils nous ont dérobé. Nous devrions garder le chariot pour nous chauffer, et les bœufs pour les manger.

Le capitaine ne put s'empêcher d'éclater de rire. Il allait questionner le cavalier quand celui-ci mit pied à terre et lui tendit un étui. À l'intérieur, Louis trouva un poignard à la lame magnifiquement ciselée et au pommeau orné d'un cabochon de rubis.

– De la part de messire Thomas Bohum.

Jean Setier émit un sifflement admiratif.

– Belle rançon !

Après avoir salué le messager, le capitaine remonta la Grande Rue, le cœur lourd. L'étrange attitude d'Héloïse ternissait l'éclat de sa victoire. Il passa devant les cages qui avaient abrité ses chiens de guerre. Le front appuyé aux barreaux, Tristan versait des larmes silencieuses. Seul de tous les habitants de l'île, il avait chéri ces bêtes sauvages. Il les nourrissait et les caressait, et les fauves acceptaient son affection alors qu'ils menaçaient leurs maîtres eux-mêmes.

– Tu auras d'autres amis féroces, bientôt, lui promit le capitaine.

Le valet, hébété de chagrin, lui lança un regard vide.

– Bientôt, répéta Louis.

30

Les corps de quatre chevaliers, morts de leurs blessures, reposaient devant l'autel de l'église abbatiale. Leurs cercueils étaient de simples caisses de bois blanc, mais ils portaient chacun une tunique blanche ornée du blason de saint Michel, et leurs mains étaient croisées sur leur épée, à hauteur du cœur, la lame le long du corps. Leur disparition portait à onze le nombre des victimes de l'assaut anglais.

Le capitaine répéta mentalement leurs noms : Raoul, Jocelyn, Arthur et Wilhem. Les deux premiers appartenaient à de grandes familles normandes. Le troisième était breton, et le quatrième venait de Lorraine. Pieux, austère, hardi, fanatique, parfois cruel, ce dernier ressemblait aux chevaliers teutoniques, conquérants de la Russie.

Il régnait dans l'église un climat inhabituel. Ce n'était pas seulement de la tristesse ou du recueillement, mais une attente anxieuse semblable au sentiment qu'on éprouve à l'aube d'une bataille. Cette bataille, Louis croyait en percevoir les échos lointains. Pourtant, l'île était paisible. Les Anglais vaincus restaient chez eux. Le diable se taisait. Des moines entraient dans la nef, le temps d'une prière, puis repartaient en silence sans paraître remarquer les grondements venus de l'extérieur. Un orage, sans doute. Il avait éclaté brusquement dans un ciel sans nuage. Avant de pénétrer dans le sanctuaire, le capitaine avait observé la baie. Le soleil brillait.

Au cours de la matinée, avec quelques compagnons, il avait effectué une reconnaissance jusqu'à Genêts. En abordant, il avait constaté que le printemps annoncé par Héloïse était arrivé. L'herbe des prés poussait drue et les pommiers étaient en fleur. Ses hommes l'avaient vu s'agenouiller, puis ramasser une poignée de terre tiède de soleil. Louis avait ramené cette relique sur l'île. Deux jours auparavant, à Rouen, Jeanne était morte sur le bûcher, et il lui plaisait de penser que cette poussière contenait les cendres de la sainte, dispersées par ses bourreaux. À son retour, il s'était arrêté à l'auberge de l'Archange, et il avait bu pour oublier la mort de ses compagnons, le martyre de Jeanne et l'indifférence d'Héloïse.

Ce souvenir le bouleversa au point qu'il dut se retenir à un banc pour ne pas s'effondrer sur les dalles. À présent, le grondement de l'orage lui déchirait les tympans ; les éclairs lui blessaient les yeux. Des ombres menaçantes surgissaient autour de lui à la lueur de la foudre. Il avait déjà éprouvé les mêmes hallucinations, une nuit, il ne savait plus quand ni à quel endroit. L'illusion n'avait pas alors cette violence. Sous les voûtes, les éclairs incendiant les fenêtres animaient les images de verre.

Sur son vitrail, saint Michel brandissait une lance d'un geste menaçant. Le capitaine aurait voulu se repentir d'avoir associé dans un élan d'amour Jeanne et Héloïse, la sainte et la pécheresse, mais à l'instant de prier ses lèvres se scellaient, et l'archange restait sourd à sa contrition. Quand il parla enfin, il ne l'entendit pas davantage, à cause des fracas de l'orage et du mugissement du vent.

Sous la poussée de la tempête, soudain, le vitrail enfla, se déforma, puis explosa. Une pluie de verre inonda la nef. Le capitaine tomba à genoux, les bras levés pour se protéger le visage. Les débris tintèrent autour de lui, mais aucun ne l'atteignit. Quand il se releva, il vit l'archange se matérialiser et fondre sur lui, brandissant sa lance au fer étincelant. Instinctivement, Louis tira son épée. Combattre saint Michel aurait été un sacrilège ; il se contenta de parer ses coups furieux, dont chacun l'ébranlait. Il tomba en arrière, les yeux brûlés par les flammes. Terrassé, il supplia mentalement : « Messire, c'est moi, Louis d'Estouteville, votre serviteur, le chef de vos armées. » L'ange ne l'entendit pas, sa fureur redoubla. Louis se vit perdu. Tous ses muscles luttaient contre l'envie impérieuse de prendre la fuite. Mais la peur fut la plus forte. Il se leva et se mit à courir d'un bout de la nef à l'autre en appelant à l'aide. Les moines, éberlués, le regardaient gesticuler sans comprendre la raison de sa folie, car ils ne percevaient pas la colère de l'archange, et lui allait mourir sans savoir pourquoi : une mort sans gloire infligée par l'ennemi du démon. On ajouterait un cercueil à ceux de ses compagnons si on le jugeait digne des honneurs de l'Église.

À présent, la lance de saint Michel faisait trembler les voûtes, ou bien c'était la foudre, la colère du ciel. Les moines avaient disparu, effrayés ou indignés. L'église était déserte à l'exception de cette prodigieuse lueur céleste. Le bras de Louis s'engourdissait ; sa main laissa échapper son épée. Une étrange faiblesse envahissait son corps tout entier. En tâtonnant, il trouva la porte de l'église, la poussa. Dehors, la lumière s'éteignit d'un seul coup. Le ciel était sombre. La pluie lui giflait le visage. Il descendit l'escalier du Gouffre, les mains tendues comme un aveugle. Il se croyait sauf quand, au bas des degrés, entre les tours du châtelet, il se trouva devant une troupe d'anges noirs qui l'observaient en silence. Croyant reconnaître parmi eux les chevaliers défunts : Raoul, Jocelyn et Wilhem, il leur tendit les mains : « C'est moi, Louis, seigneur de Valmont. » Au même instant, la foudre, en s'abattant, révéla leurs visages de pierre. Les anges prirent l'apparence des démons, ceux qui s'acharnaient à perdre la cité. Ils chuchotaient, leurs voix réunies composaient une musique insidieuse, dangereuse, empoisonnée. Le capitaine chercha en vain son épée : on l'avait désarmé. En les voyant s'avancer, il se jeta sur eux. Dix bras le maîtrisèrent, le soulevèrent. Il se débattit, il les aurait vaincus s'il n'avait pas subitement perdu connaissance.

Sa première sensation, à son réveil, fut un violent mal de crâne. Il reconnut son logis de la tour du Roy. Maudit cauchemar ! Un homme était assis à son chevet.

– Estienne ?

C'était bien le forgeron, sa barbe noire et ses poignets bandés.

– Qu'est-ce que tu fais là ?

– Je veillais sur vous, seigneur, dit l'homme d'un air embarrassé.

Le capitaine partit d'un rire moqueur.

– Sur moi ? Tu veillais ? Ai-je besoin d'une nourrice ?

– Ce sont les ordres de messire Jean, grommela Estienne.

Louis s'assit. Aussitôt, il crut que sa tête allait exploser.

– Que s'est-il passé ? On dirait… Un sacré coup !

Sa mémoire revenait, saturée d'images confuses : l'église incendiée, saint Michel, la fureur de l'archange, ses compagnons ressuscités, la horde de démons, sa terreur… Un sentiment de honte s'empara de lui.

Il fut distrait par le craquement de l'escalier : un homme montait. La tête farouche du Saxon parut. Le capitaine lui désigna Estienne.

– Que fait-il là ?

Le lieutenant haussa les épaules.

– Avec ses poignets, il ne peut plus forger et voulait se rendre utile. Hier au soir, vous aviez perdu l'esprit. Il a fallu vous apaiser, vous vous rappelez ?

Louis porta la main à son front, égaré.

– Je crois.

Le forgeron s'était levé. Constatant qu'on ne le retenait pas, il se dirigea vers l'échelle et descendit laborieusement à cause de ses mains blessées. Quand il eut disparu, Jean Setier ajouta avec un soupçon de gêne étonnant chez cet homme si sûr de lui :

– Vous étiez ivre.

– Ivre ?

Louis revit l'auberge. Il avait bu effectivement pour oublier Héloïse, mais pas au point de perdre l'esprit. C'est elle qui le rendait fou, pas le vin. Il avait l'impression d'être glacé alors que l'orage s'était éloigné. Il sentait le soleil sans le voir dans son logis sans fenêtre. Son mal de tête avait disparu pour faire place à la nausée. Il se leva, s'habilla, chaussa ses bottes. Il bouclait sa ceinture quand Jean lui tendit son épée.

– Elle était dans l'église.

Le ton du Saxon était neutre, et cette retenue était plus cinglante qu'un blâme. Maintenant tout était clair, ses visions, son combat, sa fuite éperdue, tout cela n'était pas un rêve, mais la scandaleuse réalité. Il s'était couvert de honte devant ses gens.

– Allons voir nos hommes.

Dans la cour et le long de la Grande Rue, ses chevaliers le saluèrent avec respect. Les moines, eux, passée la salle de garde, lui lancèrent des regards accusateurs. Comme il le prévoyait, la nef était intacte. Raoul, Arthur, Jocelyn et Wilhem reposaient dans leurs cercueils. Il s'agenouilla et se recueillit quelques instants tandis que Jean attendait bras croisés comme un fidèle garde du corps.

Quand ils sortirent, le soleil était chaud. À présent, Louis ne tremblait plus. Pour se réconcilier avec son corps qui l'avait trahi, il avait besoin de dépasser ses limites.

– Je vais en mer, décida-t-il.

Il sourit devant le regard ébahi de Jean. Le Saxon avait horreur de l'eau. Une heure plus tard, le capitaine partit en barque vers le large depuis le quai Saint-Aubert. Aux rameurs, Jean adjoignit deux archers, par prudence. Comme il ne proposait pas d'accompagner le capitaine, Yvon bondit dans le bateau. Gerfaut nageait presque aussi bien que Louis.

À trois milles de l'île, ils plongèrent. L'eau était froide et limpide. Ils se défièrent à la course pendant dix minutes, puis un troisième champion vint se joindre à eux : un jeune dauphin. Ils en rencontraient souvent dans la baie, jusqu'aux abords de l'île. Celui-ci était particulièrement joueur. Il filait entre les nageurs, sautait, revenait, tournait autour de la barque. Quand il plongeait, ils sentaient la douce caresse de son corps lisse. À chacun de ses bonds, les rameurs l'applaudissaient, et il leur répondait par des chapelets de cris aigus qui ressemblaient à des rires.

Fatigués, ils remontèrent à bord et prirent le chemin du retour. Le dauphin les accompagna, puis rejoignit un petit voilier qui filait en sens inverse, en direction du bec d'Andaine.

La trompette retentit, au loin, au sommet de la tour du Roy.

– Un messager, dit Yvon.

Les rameurs forcèrent sur leurs avirons et, dix minutes plus tard, la barque atteignit l'île. Au moment où elle touchait le quai, le hurlement diabolique retentit. Yvon pâlit tandis que Louis effleurait sa cicatrice, geste machinal qui précédait l'approche du danger. Son ennemi était toujours là, à l'affût. Tout le monde regardait le ciel, les rameurs, les archers, les gardes. Devant la porte de la cité, l'abbé et le lieutenant bavardaient. Un peu plus haut, Estienne se tenait sur le seuil de sa forge, maussade, désœuvré. Sur la façade de l'auberge, Louis crut voir bouger le rideau, derrière la fenêtre d'Héloïse. Elle ne se montrerait pas, qu'importe !

On aurait dit que les gens s'habituaient au cri menaçant, après la panique des premiers temps. Le capitaine, lui, ne détestait pas ce frisson de peur. Il ne lui inspirait aucun désir de se dérober. Au contraire, il était habité d'une intense curiosité. Cette présence invisible devenait un danger excitant, comme la drogue peuplée de rêves qui l'avait envahi la veille.

Quelle drogue, au fait ? Il retarda le moment de répondre à cette question en voyant l'abbé venir à sa rencontre en agitant un parchemin.

– Un courrier de la duchesse.

Louis sourit en reconnaissant les armes d'Anjou.

– Elle nous annonce de l'or et des renforts.

Le moine était gai, chaleureux, une manière de nier la présence du diable. Avait-il eu vent de sa conduite ? Si c'était le cas, il ne le montrait pas : ses yeux brillaient, mais ils étaient indéchiffrables. Le capitaine prit cette attitude pour une absolution. Muni de la lettre de Yolande d'Aragon, il se dirigea vers l'auberge. Desgrées lui devait une explication.

Il n'eut pas à le questionner : l'aubergiste prit les devants d'un air hypocrite.

– Seigneur capitaine, j'ai appris ce qui s'est passé, hélas ! J'ignore si l'auberge est responsable…

– Qui à part toi, drôle ? gronda le capitaine. Qui endort mes gens et essaie de m'empoisonner ?

– Pas moi ! s'emporta Desgrées. Cette histoire me coûte une fortune : dans le doute, j'ai ordonné de jeter tous mes vins dans la mer.

– Tu es sans pitié pour les poissons, railla le capitaine.

Un vague sourire se dessina sur le visage épais où il n'y avait aucune trace d'amusement. L'homme était fourbe, mais contre un ennemi aussi redoutable tous les alliés étaient bienvenus. Louis leva la main pour signifier que le sujet était clos, puis il se laissa tomber sur un banc et demanda :

– Que penses-tu du diable ?

– Vous parlez du nôtre ?

– Tu en connais d'autres ?

L'aubergiste hocha la tête, le front barré par une profonde ride verticale.

– J'en ai rencontré.

– Des assassins ?

Desgrées eut une grimace, fugace, un peu amère.

– Des exterminateurs.

L'allusion à la guerre n'échappa pas au capitaine.

– Celui qui a manqué ton cœur et a épargné ta fille.

L'homme devint brusquement hargneux.

– Je sentais venir le danger. Pourquoi je vous ai invité à loger en haut, à votre avis ?

– Parce que tu m'aimes bien.

– Pourquoi nous avoir abandonnés ?

– À cause de ta fille, tu le sais bien.

– Mon invitation n'allait pas jusque-là.

Le capitaine détesta le sourire équivoque du rustre. Celui-ci le sentit, il se hâta d'ajouter :

– Si vous le commandez, je peux la renvoyer.

Louis resta silencieux, soupesant ce qu'il venait d'entendre, et ne doutant pas pour finir que Desgrées le provoquait. L'aubergiste n'avait aucune intention de se séparer d'Héloïse, et lui, pas davantage, bien qu'en éloignant la tentation il se serait délivré d'elle.

Il attaqua aussitôt.

– Ta fille est moins dangereuse que les breuvages que tu nous sers.

– Je vous ai dit…

– Tu t'en es débarrassé, je sais. Cette hâte est suspecte dans la mesure où elle nous empêche de découvrir les poisons qu'ils révélaient. À présent, il est trop tard !

Ils s'étudièrent mutuellement un long moment. Puis les yeux de Desgrées se posèrent sur la lettre qui dépassait de la tunique du capitaine. Il devait reconnaître lui aussi les armes d'Anjou.

– Ce sont des renforts qu'on nous promet ! expliqua le capitaine.

Après une légère crispation, le visage de l'aubergiste s'illumina.

– Fêtons l'événement !

Il frappa dans ses mains. Louis s'attendait à voir paraître Atlas, ce fut Héloïse, comme si elle guettait le signal de son père. Elle portait la robe rouge qui épousait son corps et découvrait sa gorge avec plus d'audace que ses autres parures. Comme les yeux de la jeune fille l'évitaient, Louis put contempler à son aise les cheveux sagement réunis en chignon, la taille souple et le doux sillon des seins lorsqu'elle se pencha pour déposer sur la table un pot et deux gobelets d'étain. De légers cernes de sommeil la rendaient plus émouvante.

Devant l'air méfiant du capitaine, l'aubergiste crut bon de plaisanter.

– De l'hydromel, incapable de terrasser un capitaine du roi de France !

Héloïse versa aussitôt la boisson dorée dans les gobelets. Puis, au lieu de disparaître, comme à l'accoutumée, elle resta devant eux, les yeux baissés empreints de vertu modeste, comme un appât destiné à détourner de son père l'attention de Louis.

– Je veux les noms de tous les pêcheurs, les marchands et les capitaines qui nous approvisionnent, de Genêts à Saint-Malo, exigea-t-il.

Desgrées resta sans voix, alors le capitaine précisa :

– Dorénavant, je m'occuperai moi-même de l'approvisionnement de l'île. Tu auras ta part, c'est justice, et puis je renforcerai la surveillance autour de l'auberge pour te permettre de dormir en paix. J'espère que tu es satisfait ?

Il se leva sans toucher à sa timbale, moins par défiance que par dédain pour celle qui l'avait remplie.

31

Plusieurs jours de paix succédèrent à ces événements tragiques. Cependant la paix n'avait pas toujours les vertus qu'on lui prêtait. Certes, aucun méfait sanglant ne suivit le hurlement prémonitoire. L'air était vif, très pur ; le ciel parcouru de nuages blancs aux formes douces ; la terre à peine effleurée parfois par les pluies fines de juin. Sur l'île, la routine revint avec l'ennui qui accompagne les hommes condamnés à arpenter les cent pas du chemin de ronde et les trois cent soixante degrés des tours de guet.

Le capitaine retourna en mer à trois reprises sans revoir le dauphin. Même l'eau du large lui semblait fade. Ses nuits étaient longues, ses réveils amers. Ses hommes n'étaient guère bavards. Seul Richard savait le distraire, mais ses lectures savantes occupaient ses journées et une grande partie de ses nuits. Malade de solitude, Louis en venait à regretter l'invasion anglaise et les démences du tueur qui avaient ensanglanté l'île durant tout l'hiver en le délivrant de la monotonie. Puis il songeait aux victimes innocentes et s'accusait d'inhumanité.

Héloïse occupait douloureusement ses pensées. Bien qu'il ne l'eût pas revue depuis quatorze jours, il sentait sa présence à travers les murs et les toits. Certaines nuits, il croyait entendre son souffle, le frôlement de sa robe, sentir son odeur. Un espoir insensé l'envahissait : elle était venue le rejoindre, comme naguère. Il allumait sa chandelle en hâte. Sa chambre était vide et glacée. Il se masturbait avec fureur sans obtenir d'apaisement.

– Sorcière !

La troisième fois où lui vint cette illusion maudite, n'y tenant plus, il se leva en pleine nuit et alla rejoindre ses guetteurs. Le vent d'ouest secouait les étendards et sifflait entre les pierres sans calmer sa fièvre. Il aurait fallu une tempête. Depuis qu'il avait proscrit le vin, ses gardes pestaient entre eux, cependant aucun n'osait se plaindre en sa présence. Desgrées en importait toujours en cachette, malgré l'interdiction. D'après les rumeurs, l'aubergiste le goûtait prudemment, préférant le poison à la corde. « Un vin de messe », certifiait-il avec cynisme.

C'était une nuit longue et froide. Le capitaine était resté en plein vent, guettant les rares lumières de la côte, puis admirant les premières lueurs de l'aube quand les appels retentirent. Des hommes couraient sur l'esplanade qui longeait les murs, de la tour de l'Abbé à la tour Sainte-Catherine. Louis descendit des remparts et suivit ceux qui se précipitaient, captant leurs commentaires au passage :

– Il est revenu !

– Un moine, puisque je te le dis !

– Venez, c'est par là !

– Je le savais ! Je vous avais prévenus !

Les gens le bousculaient sans égard pour son rang. Ils étaient déjà nombreux, en haut des marches, leurs visages levés vers le ciel. À vingt pieds du sol, un homme pendait, accroché au mur de soutien de l'abbaye. À son froc, on reconnaissait un moine. Le capitaine revit avec stupeur l'exécution de Gilles : c'était le même contrefort, la même position du corps, la même hauteur vertigineuse. Suspendre un homme dans ces conditions paraissait impossible, pourtant le monstre avait renouvelé son exploit macabre, pour le narguer sans doute, puisque le meurtre avait été exécuté durant son insomnie. Pour Louis, c'était le plus étonnant : il était éveillé, à cent mètres de là à peine quand son adversaire s'était manifesté, et il n'avait rien vu, rien entendu. Un être silencieux, invisible, malicieux, surhumain.

Le vent balançait la victime au bout de sa corde. Autour du capitaine, la foule grossissait : des soldats, des moines, des pèlerins, tous ébahis et effrayés. Une femme se hâtait d'emmener deux enfants. Louis songea qu'il aurait dû les chasser dès leur arrivée : des gamins n'étaient pas à leur place dans cette atmosphère infernale. Mais ils erraient, ils avaient faim, certains étaient abandonnés. Il fallait les abriter, les nourrir, les protéger.

– Une échelle, vite !

Il reprenait ses esprits, lançait des ordres comme six mois auparavant. Le plus urgent était de mettre fin à ce spectacle pour contrarier le triomphe de son ennemi. Il l'imaginait jouissant de la fascination horrifiée de la foule.

Ancy et Marc, d'anciens marins, dressaient la grande échelle maintenue par quatre gardes de la porte du Roy. Ils l'escaladèrent, agiles, puis firent une pause au sommet. Tandis que l'un maintenait le corps de la victime, l'autre coupa la corde. En les entendant rire, le capitaine s'avança, ulcéré. Le cadavre dansait avec indécence sur l'épaule d'Ancy.

– Un mannequin ! rigola Marc.

– Il nous a bernés ! commenta Ancy en étalant le pendu sur le sol de la petite esplanade.

La colère du capitaine fit place à la stupeur : ce qu'il voyait était une grande poupée d'apparence humaine : une robe de bure marquée du signe pourpre fatidique, un corps taillé dans le bois, et un visage de cire. La foule riait de soulagement. Ce n'était qu'une farce ! Les plaisanteries fusaient :

– Un épouvantail !

– Laissons-le pour éloigner les goélands !

Le Saxon tendit le poing vers le ciel.

– Il se moque de nous !

– Je ne crois pas, murmura le capitaine, pensif.

Le visage de cire finement modelé n'était pas n'importe lequel, et le pantin loin d'être aussi inoffensif qu'on le jugeait au premier regard. Ces traits étaient ceux de Richard de Mantoue, la similitude était frappante, et la poupée évoquait celles qu'utilisaient les magiciens pour accomplir leurs envoûtements. Sous la robe, Louis découvrit deux longues aiguilles, leur pointe de fer plantée dans le cou de cire.

En levant les yeux, il surprit le regard de l'abbé. Lui aussi avait reconnu son visage, ses joues creuses, son nez busqué, ses yeux bleus. Le sorcier avait poussé la malice jusqu'à utiliser deux pierres rondes veinées d'azur.

– Brûlez ça ! commanda Richard.

Il était pâle, mal à l'aise, mais déterminé. Louis faillit le dissuader de recourir au feu. Il aurait mieux valu jeter le mannequin à la mer ; cependant, craignant de passer pour superstitieux, il confirma l'ordre :

– Brûlez-le !

À la chaleur, le bois sec et la bure brûlèrent aussitôt. La cire se déforma en donnant au visage des expressions grotesques. Comme les enfants, revenus en douce, dansaient autour du feu, le Saxon distribua des taloches. Lorsqu'il ne resta plus que des cendres, la foule se dispersa. Les moines regagnèrent l'abbaye. La cloche sonna tierce.

– La corde n'est pas celle de saint Michel, fit remarquer Marc.

Le capitaine ne releva pas l'observation du jeune écuyer. Il se demandait à quoi rimait cette cérémonie et ne trouvait pas de réponse. Cette incertitude le tourmentait. Dans certains tournois il avait jadis affronté des inconnus, cachés sous leur heaume et leur armure. Il ne découvrait leur visage qu'à la fin du combat. Mais sous le fer, il y avait des hommes. Là, il ne savait plus si son rival était fait de chair.

Le lendemain, deux événements justifièrent ses appréhensions : d'une part, la porte condamnée de l'officine de Richard fut retrouvée ouverte ; d'autre part, l'abbé commença à tousser. Au début, ce n'était qu'une irritation, mais bientôt la toux empira. Richard étouffait. Ni la balsamite ni les infusions d'origan préparées par frère Herbert n'apaisaient ses brûlures. Le capitaine lui rendit visite et le trouva très amaigri. Il avait du mal à parler, perdait l'appétit, délaissait ses travaux. Bien qu'il frissonnât sans cesse, ses membres glacés ne supportaient pas la chaleur du feu. Dans son logis, la cheminée était éteinte, son drap l'irritait, ses coussins l'oppressaient.

Le capitaine songea aux aiguilles plantées dans la gorge du mannequin ensorcelé, mais il se garda bien d'y faire allusion : Richard ne l'aurait pas supporté. Pourtant, l'abbé devait y penser, lui aussi, malgré son refus de croire aux pouvoirs de la sorcellerie.

Deux jours après, les craintes de Louis se vérifièrent : déchiré par la toux, l'abbé se mit à cracher du sang. Sa poitrine était creuse, sa respiration sifflante, ses joues tachées de mauve comme s'il était la proie d'une mauvaise fièvre. Devant son masque de douleur, le capitaine pensa qu'il ne vivrait plus très longtemps. Le diable allait triompher une fois de plus. La perspective de cette mort l'affectait pour de multiples raisons. Richard était son ami. Il admirait sa sagesse, sa droiture et son intelligence. Et il se demandait, s'il venait à disparaître, qui pourrait succéder à cet homme qui avait assuré l'indépendance de l'île après la défection de Robert Jolivet.

Deux moines exerçaient une certaine influence au sein de la communauté : Hugues et Oreste. Hugues, soutenu par l'évêque d'Avranches, risquait de se rapprocher du parti anglais. Oreste entretenait de bonnes relations avec le duc de Bretagne. Mais le pape Eugène avait lui aussi son mot à dire. Cependant, aucun des candidats ne traiterait d'égal à égal avec le capitaine de la garnison comme l'avait fait Richard de Mantoue. Or, l'île était une abbaye avant d'être une forteresse. L'autorité religieuse risquait de l'emporter sur le pouvoir militaire, au risque d'affaiblir la défense de l'île.

Louis n'était pas le seul à estimer l'abbé : tous ses frères l'admiraient et priaient pour lui jour et nuit. Le capitaine ne doutait pas des vertus de la prière, cependant, en lui rendant visite, le cinquième jour, il s'attendait au pire, car la veille il l'avait jugé à l'agonie.

Herbert l'accueillit avec le sourire.

– L'abbé est guéri !

Guéri ? Louis fut envahi d'un mélange d'incrédulité et d'espoir. Comme il l'assaillait de questions, l'infirmier mit un doigt sur ses lèvres et le conduisit dans le logis de Richard.

– Rien ne remplace l'air de la mer, ce goût de sel, cette force vive, vous la sentez ?

L'abbé, assis devant sa fenêtre ouverte sur le large, admirait le coucher de soleil. Son visage était d'une blancheur de craie, mais il souriait.

– On rend grâce à Dieu de pouvoir respirer quand ce plaisir nous était interdit.

– Un vrai miracle ! plaisanta le capitaine sans dissimuler sa joie.

– Puisque vous le dites, vous, le sceptique, s'exclama l'abbé sur le même ton. Les prières de mes frères m'ont aidé à guérir, mais aussi ce remède.

Il saisit un pot de verre placé à sa portée et l'exposa à la lumière. Son contenu était d'une belle teinte dorée.

– C'est du miel, on dirait, dit Louis.

– Du miel, certes, acquiesça l'abbé. La liqueur en a le goût et la consistance, mais elle contient aussi d'autres substances et recèle d'autres propriétés. La thériaque, qui sait ? Je m'y perds. Une composition dont elle n'a pas voulu me révéler le secret, pas encore.

– Elle ? s'étonna le capitaine.

Richard hésita quelques instants avant d'avouer :

– Héloïse, oui. La fille a retenu les leçons des sœurs de Sainte-Marie-des-Champs, réputées pour leurs médecines.

Louis demeura muet un long moment, jaloux de découvrir que son amante se dévouait pour les autres en l'abandonnant à sa tristesse.

– Il y a bien des secrets dans la cité de saint Michel, finit-il par déclarer avec amertume. Le diable, vous me direz qu'il existe depuis l'aube des temps. Mais j'ai l'impression qu'il règne ici en maître quand il devrait être vaincu. Je ne parle même pas de ceux qu'il a exterminés, mais des manifestations plus récentes : votre effigie, vos souffrances, votre agonie, la porte de votre officine ouverte, que vous affirmiez condamnée…

– J'ai appris cela, murmura l'abbé d'une voix altérée. Le frère portier l'a refermée. D'après lui, on n'a rien dérobé.

– Dans ce cas, pourquoi l'avoir ouverte, et comment ?

Richard ferma les yeux. Ses joues avaient perdu leur pâleur.

– Je sais que le mal existe, qu'il nous égare, nous défie. Mais je sais aussi qu'il sera vaincu comme il l'a toujours été.

Lorsqu'il ouvrit les yeux, il était métamorphosé : son sourire radieux manifestait une foi que lui envia le capitaine.

32

Après avoir quitté l'abbaye, le capitaine eut du mal à trouver le sommeil. Si la maladie qui avait failli emporter l'abbé, si ses propres hallucinations provenaient d'une influence surnaturelle ? Une force capable d'étouffer un homme de Dieu, d'égarer un esprit solide, de faire trembler les chevaliers les plus hardis ? Un homme, aussi redoutable fût-il, il pouvait le vaincre, mais une puissance démoniaque ? Il avait beau repousser cette pensée, se moquer de sa peur, elles s'imposaient à lui. Elles ne s'atténuèrent qu'au retour du soleil.

Malgré les drames qui l'endeuillaient, la cité était sereine, joyeuse. Inconsciente. C'était un matin comme les autres. L'air sentait le feu de bois et le pain en train de cuire dans le four banal, un peu plus haut. Sur le chemin de l'auberge, il s'arrêta quelques instants pour observer Tristan. Le valet avait reçu trois chiots, commandés par son maître, sans doute. Il s'obstinait à les enfermer dans les cages des chiens de guerre qu'ils remplaceraient un jour. Les bébés, robustes, étaient destinés à devenir des mâtins de belle taille. L'un des trois mordit Tristan si cruellement qu'il poussa un cri de douleur suivi d'un rire. En attendant, les barreaux de fer étaient trop espacés pour les retenir, et ils s'échappaient sans cesse dans toutes les directions, obligeant Tristan à se lancer à leur poursuite.

Son manège réjouissait les spectateurs, et le colosse mutilé riait avec eux en exhibant ses dents chevalines. Conscient enfin de ses efforts inutiles, il prit le parti de s'enfermer dans l'une des cages avec ses chiots sous les quolibets de la foule.

– Elle est belle, ta portée !

– Fiers rejetons pour cette vilaine bête !

On lui lançait des pommes vertes. Tristan faisait semblant de gronder. Lassé du spectacle, le capitaine passa son chemin. Estienne avait repris son travail, on entendait résonner son marteau. Devant la forge s'entassaient les fers pris aux Anglais, avec un soc de charrue échoué sur l'île on ne savait comment. De l'autre côté de la rue, deux enfants jouaient aux osselets. Sur l'escalier de l'abbaye, une file de pèlerins montaient en bavardant gaiement. Les gens avaient oublié la menace qui planait sur l'île. Pas le capitaine. Où le diable allait-il frapper ? Sur qui allait-il s'acharner ?

Quand il entra dans l'auberge, Desgrées lui lança un regard hostile. L'aubergiste avait mal apprécié d'être dépossédé de son rôle d'intendant. À présent, le capitaine, aidé de Matthias, l'économe de l'abbaye, organisait lui-même l'approvisionnement de l'île. Les grains, les tonneaux de poissons fumés, l'huile et le miel entreposés dans les fanils étaient plus modestes, mais beaucoup moins onéreux, ce qui n'empêchait pas Desgrées de poursuivre ses activités de contrebande et de s'enrichir. Que faisait-il de son or ? C'était un mystère car l'homme lui-même vivait chichement.

Il invita le capitaine à s'asseoir et prit place en face de lui.

– Eh bien, capitaine, êtes-vous satisfait de mes amis ?

– Tes amis ?

– Les pêcheurs de la côte, les marchands, les saleurs, Auray, Maurin, Prescott, Charlier, Arvieux…

– Ils semblent honnêtes, nous verrons à l'usage, dit Louis prudemment.

Le regard de l'aubergiste se teinta d'ironie.

– Si c'est leur intérêt.

Cette conversation ne menait à rien, et Louis n'était pas venu pour ça.

– Je dois voir ta fille.

Il eut droit à un regard inquisiteur. Soudain, Desgrées se leva et disparut sans un mot. Le capitaine se dit qu'il était allé prévenir Héloïse. Mais l'homme revint seul et se contenta d'annoncer :

– Elle n'est pas ici.

– Où est-elle ?

L'aubergiste leva les yeux comme s'il examinait les poutres. Il y avait dans sa voix un écho ténébreux.

– Peut-être le savez-vous mieux que moi.

– Que veux-tu dire ?

L'arrivée d'Atlas interrompit leur conversation. Le valet déposa sur la table un jambon en partie découpé, une miche de pain, un pichet de vin et deux verres. Prévenant le refus du capitaine, Desgrées précisa :

– C'est pour moi, avec votre permission.

Il remplit lui-même son verre d'un vin noir, épais comme du sang. Cet étalage de nourriture et d'une boisson interdite était à l'évidence une provocation. Cependant Louis avait autre chose en tête.

– Il faut que je lui parle.

– Moi aussi.

Desgrées le dévisagea avec attention pour voir l'effet de ce qu'il venait de dire. « Il ment ! Elle doit être dans sa chambre », pensa le capitaine qui avait du mal à contenir sa colère. Il lui aurait suffi de se lever, d'écarter l'homme au besoin, de gravir l'escalier. Cependant, il ne bougea pas. Ce qui le retint n'était pas l'hostilité de l'aubergiste, mais la crainte d'être repoussé de nouveau par la fille. Son orgueil lui interdisait de prier, de s'abaisser.

Il aurait pu aussi bien la contraindre. Sous quel prétexte ? Il n'avait rien à lui reprocher. Elle avait guéri l'abbé, ce n'était pas un crime !

Desgrées trempa ses lèvres dans son verre, lentement. Sous les sourcils épais, ses yeux petits et rusés le guettaient. Le capitaine résista à l'envie de tirer son épée et de frapper au milieu du front insolent, là où les sourcils se rejoignaient comme ceux d'une bête. Il ne voulait pas perdre la fille. La perdre ? Mais était-elle encore à lui ?

– Je reviendrai.

Un grondement couvrit sa voix et fit trembler les murs de l'auberge. Pensant à une attaque, le capitaine dégaina et bondit dans la rue. Des gens couraient dans tous les sens en criant. Un nuage de fumée s'élevait du sommet de l'abbaye. Le malheur qu'il pressentait venait de s'abattre sur l'île.

33

Par les portes de l'église abbatiale grandes ouvertes, des moines et des soldats entraient et sortaient. D'autres contenaient les habitants de la cité à l'entrée du châtelet. Louis gravit les escaliers en courant. Sur le seuil, la vision qu'il redoutait s'étala sous ses yeux.

– C'est le toit ! lui cria le Saxon.

À la hauteur des transepts, la voûte béait, on apercevait le ciel. En dessous, le maître-autel disparaissait sous un énorme chaos de pierres et de poutres, autour duquel une trentaine d'hommes s'affairaient. Des flammes s'élevaient du transept droit.

Au milieu du saccage, Jean Setier menait ses gens comme au combat. Les uns transportaient des seaux pour éteindre le feu. Les autres soulevaient des pierres, qui passaient de main en main jusqu'au parvis. L'air était imprégné de fumée et de poussière. À travers ce nuage, des voix s'interpellaient, transformant le lieu saint en vaste chantier :

– Doucement !

– Voilà, soulevez ! Tous ensemble !

– Gare au pilier, le chapiteau est intact.

– Plus vite, l'eau. Des seaux, trouvez des seaux !

– Dispersez la paille !

Le capitaine se fraya un chemin parmi les hommes trop occupés pour lui prêter attention. Près de l'autel, il rencontra Antony, le charpentier, en train de soulever un madrier. Il lui demanda :

– Que s'est-il passé ?

– Peter, il est tombé !

D'un doigt tremblant, Antony désigna l'amas de pierres.

– Que s'est-il passé ? répéta Louis.

– Le toit, brusquement ! Pourtant, la croisée était solide, la voûte bien étayée !

Il laissa tomber sa poutre et s'attaqua aux pierres avec une frénésie désespérée.

– Peter est enseveli, il faut le dégager !

Le capitaine évalua la hauteur du toit et le volume de l'effondrement. Si le maçon se trouvait sous ces ruines, il devait être écrasé ; on ne pouvait plus rien pour lui. Des années auparavant, le chœur de l'abbatiale s'était écroulé. Les moines avaient commencé à le restaurer avec des moyens modestes à cause du siège et de l'appauvrissement de leur communauté. La partie centrale était couverte, à l'abri des intempéries, mais inachevée. Les supports de bois étaient toujours en place.

– Gare !

Un nouvel élément, détaché du toit, menaçait ceux qui déblayaient. Le capitaine repoussa vivement Antony. La pierre fracassa ce qui restait d'un banc, à quelques centimètres du charpentier. Le jeune homme regarda d'un air égaré celui qui venait de lui sauver la vie. Les soldats, qui s'étaient écartés, reprirent aussitôt leur travail lorsque quelqu'un, un moine peut-être, s'écria :

– Frère Richard, où est frère Richard ?

– Il était là, dans l'église.

– Où exactement ?

Le capitaine frémit. Si l'abbé se trouvait dans le chœur, il avait dû subir le sort de Peter. Sa mort confirmait ses soupçons : la catastrophe n'était pas accidentelle. Une main criminelle avait déplacé les étais, provoqué l'effondrement et entraîné la disparition du chef de la communauté. Comment ne pas avoir en mémoire la statue, et la pierre qui avait failli l'écraser des mois auparavant ? Le diable rôdait toujours, jusqu'au cœur du sanctuaire, malgré la protection de saint Michel.

Il examinait le trou béant de la voûte quand il entendit une voix familière.

– Allons, il faut dégager ce pauvre homme !

C'était l'abbé, à la tête des moines et des serviteurs les plus robustes de l'abbaye. Malgré son crâne et sa robe couverts de poussière blanche, il débordait d'énergie.

– Vous êtes indestructible, l'abbé ! s'exclama Louis, soulagé.

Richard désigna l'autel enfoui sous les ruines :

– J'étais ici. Un autre gît à ma place !

Il saisit une pierre et la souleva avec une vigueur prouvant que la malédiction qui avait manqué de l'emporter n'était plus qu'un mauvais souvenir. Les moines suivirent son exemple, et le capitaine se mit à son tour à la tâche. Il fit venir une trentaine de soldats supplémentaires, et réquisitionna des charrettes à bras pour transporter les vestiges de la voûte, si bien qu'en deux heures tout fut dégagé. Sous les décombres, l'autel parut merveilleusement intact. Peter avait eu moins de chance : son corps gisait écrasé, et son visage était méconnaissable. Antony tomba à genoux, secoué de gros sanglots. Les moines le repoussèrent avec douceur et transportèrent son compagnon infortuné dans l'infirmerie, où Herbert lui redonna figure humaine, avant de le conduire devant l'autel de Notre-Dame-sous-Terre, l'ancien sanctuaire que le maçon avait contribué à restaurer.

Après le départ des deux compagnons, le capitaine demeura un long moment dans l'église mutilée. Devant le désastre, il était envahi d'un sentiment de tristesse et de culpabilité. Que penseraient ses ennemis en apprenant son impuissance à protéger la cité sainte confiée à sa garde ? Devinant son humiliation, ses hommes lui tenaient compagnie, silencieux, touchant à peine aux pains ronds que leur distribuaient les moines. D'autres, sous la conduite du Saxon, hissaient des voiles de navire sur la toiture pour improviser une protection contre la pluie. Par chance, l'été qui commençait marquait la fin des tempêtes.

Comme toujours, la désillusion de Louis fut brève. Après avoir arpenté les remparts avec mélancolie, il se reprit et envisagea l'avenir en conquérant. Il attaquerait les Anglais dans leurs repaires les plus vulnérables. En attendant, ses chevaliers devaient consolider leurs sources d'approvisionnement. Il envoya cinq d'entre eux à cheval jusqu'à Genêts, porteurs des commandes de l'abbé et chargés de remettre ses courriers à ses alliés.

Il les vit partir à regret : il aurait aimé les accompagner. Cependant, son devoir lui commandait de rester pour rassurer les habitants et superviser les premiers travaux. Partis à l'aube, les cavaliers devaient revenir en fin de journée, avec la marée basse. Or, au cours de la journée, une tempête imprévue s'abattit sur la baie. La mer grossit. Sous les rafales de pluie et de vent, la côte demeura déserte.

– Ils se seront abrités, assura le Saxon.

Le regard sombre du capitaine, posté au sommet de la tour du Nord, reflétait son inquiétude.

– Ils auraient pu rentrer avant l'orage.

– Ils auront été retardés.

Au lieu de l'apaiser, la logique de son lieutenant augmentait sa nervosité. Il ne fallait pas plus d'une heure de chevauchée pour aller de Genêts au Mont-Saint-Michel. La nuit s'écoula. Le lendemain, la tempête fit place à un temps radieux. Les cavaliers allaient surgir au pied du bec d'Andaine. La marée était favorable, pourtant la plage resta déserte. Louis attendit cinq heures avant de déclarer :

– Ils sont sans doute tombés dans une embuscade.

Il imaginait ses chevaliers prisonniers, la perte d'Ardent, confié à Charles Eymond. Sans montures, ils ne pouvaient envisager une expédition de secours. Eussent-ils des chevaux, il n'aurait pas risqué la vie de ses fidèles. Il avait perdu trop d'hommes au cours de l'assaut anglais. Impossible d'en sacrifier davantage, même pour ses compagnons d'armes : Eymond, Beauvoir, Guiméné, Artilly, Odon, les plus braves.

– Je n'aurais jamais dû autoriser cette expédition ! rumina-t-il. Mais attendre les renforts promis par la duchesse d'Anjou.

Le Saxon courba la tête sous le poids de ses pensées.

– Elle était nécessaire, finit-il par grommeler.

– Pour qui ?

En se redressant, le lieutenant constata que Louis, adossé au rempart, contemplait avec hostilité la masse imposante de l'abbaye au lieu de guetter l'horizon. Le diable, bien sûr, c'est à lui que songeait Louis. La malédiction qui pesait sur l'île limitait leurs actions héroïques, elle finirait par les paralyser.

– Les voici ! annonça une voix.

Le capitaine se retourna si vivement qu'il faillit basculer au-dessus du parapet. Un groupe de cavaliers venait du nord.

– Ce sont eux, confirma le Saxon.

Il les compta. Ils étaient encore loin, mais au bout de quelques instants, il s'exclama :

– Ils sont six !

Cinq avaient quitté l'île. Qui était le sixième ? À mesure que la troupe approchait, le cavalier se distinguait : un habit bleu sous un manteau sombre soulevé par le vent de la course ; le cheval avait belle allure. Les hommes s'interrogeaient : un soldat, un seigneur normand, un dignitaire de l'Église ? Lorsque les six passèrent sous la herse et débouchèrent dans la cour du Roy, le capitaine les accueillit avec sévérité.

– Nous vous attendions hier !

– Nous revenons d'Avranches, seigneur, dit Beauvoir en mettant pied à terre. Voici sir John Halding, le père de Peter.

Le sixième homme descendit de cheval, rejeta son manteau sur ses épaules et s'inclina courtoisement.

– Seigneur capitaine.

– Vous êtes anglais ?

– Anglais et normand.

La voix était grave, la taille imposante, les épaules larges. La tête noble, ornée d'une courte barbe blonde, rappelait la physionomie de son fils. L'habit de toile bleu était seyant sans luxe superflu.

– Vous êtes venu rendre hommage à Peter, dit le capitaine avec sympathie.

– C'est mon premier devoir, dit Halding, mais non le seul.

– Messire Halding est architecte, précisa Eymond.

L'Anglais caressa sa barbe d'une main qui tremblait légèrement.

– J'ai appris le drame qui a coûté la vie à mon fils. J'aimerais vous apporter mon aide. J'ai conçu plusieurs édifices religieux comparables à celui-ci, sinon par la beauté, du moins par la taille.

– C'est fort généreux à vous, dit Louis.

Après une brève réaction de méfiance, il se sentait attiré par ce personnage qui incarnait la force et la volonté, vertus dont l'île avait besoin.

– Vous logerez à l'auberge de l'Archange, annonça-t-il. Charles Desgrées, le patron, n'est pas d'un commerce agréable. En revanche, son valet Tristan sera un père pour votre monture. En attendant, je vais vous présenter à l'abbé Richard.

Laissant Eymond s'occuper du bagage et du cheval du visiteur, il gravit la Grande Rue en compagnie de l'Anglais. À mi-chemin, l'architecte s'arrêta pour contempler l'abbaye.

– Dans les lettres qu'il dictait au frère Gilles, et m'adressait, mon fils me décrivait le monument. Malgré son enthousiasme, je ne m'attendais pas à une telle merveille. Je parlais de devoir. Ce sera pour moi un honneur de participer à sa restauration.

Le capitaine se garda d'apprendre à l'architecte la mort tragique de Gilles. Il aurait tout le temps de faire la connaissance du diable au cours des jours à venir. Pour l'instant, la disparition de son fils était une épreuve suffisante.

34

– Je ne crois pas à un acte de malveillance, encore moins à une manifestation surnaturelle, déclara l'abbé. Plutôt à un ensemble d'éléments destructeurs : le vent, la pluie, les tempêtes de cet hiver.

Le capitaine effleura machinalement le sillon de son front.

– Je vous rappelle que l'effondrement s'est produit au moment précis où vous étiez au pied de l'autel.

– Je me rends à cet endroit plusieurs fois par jour pour prier, fit remarquer Richard.

– J'ai examiné la toiture, intervint John Halding. Les travaux ont été correctement effectués. Toutefois, les supports m'ont semblé un peu fragiles. Cette faiblesse peut expliquer leur rupture.

– Au début, nous étions seize, protesta Antony. Toute une équipe : maçons, tailleurs, charpentiers. Beaucoup nous ont quittés, au fil des ans. Pour finir, nous n'étions plus que deux. Et maintenant, depuis la mort de Peter…

La voix du charpentier se brisa.

– Tu n'as rien à te reprocher, assura l'architecte, chaleureux. L'édifice est magnifique. C'est une prière, un élan vers le ciel qui illustre la gloire de saint Michel et la majesté divine. Mais comme toutes les réalisations humaines, quel que soit son génie, celle-ci n'est pas éternelle.

Incapable de rester assis, le capitaine se leva et arpenta nerveusement la salle des Hôtes où ils étaient réunis. Les autres regardaient cette agitation et s'en demandaient la raison. Soudain, Louis s'arrêta et leur fit face.

– Donc, selon vous, la cause de cette catastrophe serait naturelle ?

– Naturelle et tragique, précisa l'architecte sur un ton solennel qui rappelait la mort de son fils.

« Il est certain que le hurlement du diable n'a pas retenti », se dit Louis. Malgré tout, son soupçon persistait. Il savait que cette appréhension durerait jusqu'à l'élimination du meurtrier.

John Halding leva ses mains énormes et noueuses. « Mains de sculpteur », songea le capitaine.

– Avec votre accord, nous allons constituer une nouvelle équipe, annonça-t-il. Vingt hommes : maçons, charpentiers, carriers. Je les connais, ils ont travaillé pour moi.

– Encore faut-il réunir des fonds, objecta Louis.

– Les donateurs ne manquent pas, dit l'abbé. J'ai déjà envoyé six messages.

L'architecte leva les yeux sur la voûte comme s'il voulait s'en inspirer.

– Pour moi, j'accepterai ce que vous m'offrirez. Dès demain, j'ébaucherai les plans du nouveau chœur. J'envisage un ensemble plus lumineux. En travaillant, j'aurai l'impression que mon fils est toujours en vie.

– La lumière, murmura l'abbé, approbateur.

– Pour les matériaux, le granit de Chausey afin de respecter la tradition.

Le capitaine fit une moue sceptique.

– Depuis six ans, les navires anglais contrarient les liaisons entre Sainte-Marie et Granville.

L'architecte balaya l'objection.

– J'obtiendrai un privilège.

– De Bedford ? ironisa Louis.

John Halding acquiesça.

– Le régent n'a pas intérêt à laisser l'abbaye tomber en ruines. Il l'admire, il la convoite. Si un Anglais sollicite son appui, je le connais, il ne refusera pas. Je suis cet Anglais.

Il émanait de l'homme une telle conviction juvénile que Louis ne put s'empêcher de sourire.

– C'est le ciel qui vous envoie, soupira l'abbé.

– Le ciel, en attendant, peut nous envoyer des présents que nous n'attendons pas, fit remarquer l'architecte. Au premier coup de vent, vos toiles risquent de s'envoler. Il nous faut du chêne, des arceaux de fer et de l'étoupe goudronnée. Je sais où trouver le bois : chez l'abbé de Sainte-Croix. Son chêne conviendra mieux à nos voûtes qu'aux carènes des navires anglais.

Laissant l'abbé et l'architecte échafauder leur projet, le capitaine se rendit à l'auberge. Il avait cru renoncer à Héloïse, mais le bonheur de la revoir était soudain plus fort que sa fierté.

La salle de *L'Archange* était pleine. Louis reconnut chacun des trente pèlerins, et il repéra les trois marchands dont les bateaux étaient amarrés depuis la veille au quai Saint-Aubert. Desgrées était absent, et ses deux valets invisibles. Il en profita pour monter discrètement à l'étage. Héloïse ne se trouvait pas dans sa chambre. Son lit était recouvert d'une riche courtepointe ; ses robes rangées dans son coffre. Mais leur parfum avait disparu, remplacé par l'odeur d'humidité propre aux pièces inoccupées. Il visita les chambres voisines et les greniers sans trouver trace d'elle. Perplexe, il descendit avec l'intention de questionner Desgrées. Il allait se rendre à l'écurie lorsque Roger de Rochelin l'attira à l'écart avec des mines de conspirateur.

– Vous cherchez demoiselle Héloïse ?

Louis acquiesça en silence.

– Elle a disparu depuis trois jours !

– Trois jours ?

D'abord incrédule, le capitaine se souvint que la dernière fois qu'il était venu à l'auberge, Desgrées l'avait dissuadé de la revoir.

– Elle a quitté l'auberge !

Louis dévisagea le pèlerin pour mesurer quel crédit il pouvait lui accorder. Le gentilhomme était vieux, mais sensé et incapable de mentir.

– Comment le savez-vous ?

– Sa chambre est vide. Plus aucun bruit depuis dimanche. D'habitude, je l'entends, vous savez que j'occupe la chambre d'à côté. Parfois, elle chante, elle danse quand elle est joyeuse, elle rit. Le plancher craque. Elle est partie !

Louis secoua la tête avec impatience.

– Où pourrait-elle aller ?

Rochelin ne répondit pas, mais on lisait l'inquiétude dans ses yeux.

– Vous avez interrogé son père ?

– Je l'ai fait. Il m'a répondu qu'elle se trouvait sans doute avec vous.

– Avec moi ?

Le capitaine laissa échapper un mouvement d'impatience. L'anxiété le gagnait à son tour.

– Je ne l'ai pas cru, s'empressa d'ajouter Rochelin. Depuis quelque temps, Héloïse était nerveuse, effrayée, je crois. Oui, quelque chose lui faisait peur.

– Savez-vous ce que c'était ?

– Je l'ignore. J'aurais dû…

– Quoi donc ?

– La questionner.

Louis fit taire sa jalousie à l'égard du vieil amoureux de la fille.

– Soyez vigilant, recommanda-t-il, et prévenez-moi si vous remarquez une chose insolite.

Il l'abandonna aussitôt et gagna le chemin de ronde. Là, il chargea Gerfaut et Garin de retrouver Héloïse. Les deux chevaliers n'étaient pas les plus avisés, mais les plus discrets, et Louis tenait avant tout à dissimuler la passion qui le dévorait. Y parvenait-il ? Rien n'était moins sûr, car son air tourmenté le trahissait. Malgré lui, il songeait aux disparitions mystérieuses de Michel et d'Augustin. Quand on les avait repêchés, leur ventre était gonflé, leur peau rongée par le sel, leur visage grotesque. Si Héloïse subissait ce sort horrible, il ne s'en consolerait pas.

Le hurlement de la bête n'avait pas retenti. Il se raccrochait à cet espoir tout en surveillant l'immense édifice de Saint-Michel, d'où pouvait surgir le danger. Le ciel s'était de nouveau obscurci, phénomène inhabituel en cette saison. Les nuées aux nuances violettes et la chaleur suffocante donnaient à la cité divine une allure tragique.

Poussé par une prémonition, il dévala l'escalier des remparts et entra dans l'écurie. Les bêtes étaient nerveuses, même Ardent, si calme tant qu'on ne touchait pas à sa selle. Cette agitation était peut-être due à la présence du cheval de John Halding, particulièrement fougueux, ou bien à l'approche de l'orage. De grosses mouches bourdonnaient autour des rais lumineux tombés du toit. Dans un coin, les chiots dormaient au fond d'une huche d'osier.

Soudain, son regard fut attiré par un objet familier : un mince cercle de feuillage comme Héloïse en portait au poignet. Il le ramassa et cria son nom sans autre résultat que d'accroître l'agitation des bêtes. Tristan ne reparut pas. Puis tout s'apaisa, le silence revint. Le tonnerre gronda au loin. L'un des chiots gémit, une plainte d'enfant. Mauvais présage.

35

Une ruche. C'était l'image qui lui venait à l'esprit devant le spectacle offert par la citadelle. Non l'une de ces constructions ordonnées, ingénieuses, mais une ruche enfumée d'où jaillissent les abeilles. Les hommes s'agitaient de tous côtés, dans les ruelles, les escaliers, le chemin de ronde, les rochers de Saint-Aubert, au sommet des tours. Depuis le lever du jour, les apparitions du diable se multipliaient. On l'avait aperçu devant les fanils, près de l'église Saint-Pierre, autour de la tour du Nord.

Le Saxon tentait d'ordonner ce tumulte. Il plaçait ses archers, postait des gardes devant les accès, et obligeait ceux qui gênaient la manœuvre à rentrer chez eux.

Le capitaine, lui, questionnait les témoins.

– Qu'est-ce que tu as aperçu ?

– Le diable !

– Des cornes, une fourche ?

– Une forme blanche.

Le soldat rougissait, bafouillait, s'énervait.

– Un fantôme ?

– Il était bien réel, seigneur. Je l'ai vu comme je vous vois. Immobile d'abord, je l'ai pris pour une statue.

– Une statue, et après ?

Le capitaine s'efforçait de parler calmement pour mettre le soldat en confiance.

– Ensuite, il a bondi, et disparu. Je l'ai pourchassé, on aurait dit qu'il traversait les murs.

– Et toi, Angelo ?

Le deuxième témoin avait plus de sang-froid, mais son flegme était affecté. Il regardait autour de lui avec méfiance, à l'affût des railleurs. Originaire de Naples, il était bon chevalier bien que de caractère ombrageux, prompt à tirer l'épée pour des questions d'honneur parfois imaginaires.

– Moi, c'était là-haut.

– Devant la tour ?

– On aurait dit un moine, seigneur.

Louis devint attentif.

– Tu as bien dit : un moine ?

– Mais plus grand, beaucoup plus grand, et vif comme un serpent. Il s'est détendu et a disparu entre les pierres. Je l'ai cherché, nous l'avons cherché, Gerfaut, Eymond…

Il tourna la tête, prenant les autres à témoin.

– Il se moque de nous ! gronda le Saxon.

D'un geste, il apaisa l'Italien qui se cabrait.

– Je ne parle pas de toi !

– Il faudrait le prendre vivant, murmura le capitaine pour lui-même.

Il songeait à Héloïse qui n'avait pas reparu, alors que Desgrées et ses valets étaient revenus. Leur maître affichait un air méfiant. Gerfaut et Garin avaient fouillé l'auberge et les maisons voisines, tout retourné, sans résultat. Cependant, il y avait ce bracelet végétal que Louis pressait dans sa main, envahi d'un douloureux pressentiment.

Le Saxon continuait à pester contre cette agitation stérile.

– Encore faudrait-il la voir, cette apparition !

– Les hommes n'ont pas rêvé, pas tous à la fois !

– Il est partout et nulle part. Je me demande s'il existe.

– Là ! cria Angelo.

D'un doigt tremblant, il désignait le châtelet de l'abbaye. Sur l'une des tours se dressait un personnage étrange, enveloppé d'un long manteau, le visage dissimulé sous un chaperon, juché sur le parapet et penché en avant, défiant le vide, à quarante mètres du sol. Sans attendre, les archers du rempart prirent le spectre pour cible. Leurs traits frappèrent le mur et frôlèrent l'apparition sans susciter de sa part le moindre geste de défense. Le démon semblait observer avec dédain les hommes qui gesticulaient au-dessous de lui. Il était figé. Son manteau lui-même n'avait pas un frémissement. On l'aurait dit sculpté dans la pierre.

La vision semblait surnaturelle, le temps suspendu, mais soudain l'apparition bondit en arrière et disparut. Ils crurent l'avoir perdue, une fois encore, quand elle reparut, prit appui sur le garde-corps et, passant d'une tour à l'autre par une série de bonds prodigieux, elle franchit le châtelet, la tour voisine, suivit les toitures jusqu'à la tour Claudine. Les hommes, médusés, crurent apercevoir un grand oiseau blanc. Les archers en oubliaient de tendre leurs arcs. Le capitaine, lui, vit ce que ses compagnons n'avaient pas remarqué : une étoffe rouge masquée par le vaste manteau. C'était une robe, et avec elle une mince silhouette, des cheveux blonds : Héloïse !

Son instinct ne l'avait pas trompé. La jeune fille se trouvait dans les griffes du monstre. Comme les archers s'acharnaient de nouveau sur le meurtrier, il cria :

– Ne tirez pas !

L'ordre vint trop tard : une flèche atteignit le diable. Prêt à s'élancer, il se figea et chancela. Sa chape glissa en arrière, révélant un visage hideux. Les soldats poussèrent un cri de triomphe : le tueur qui les terrifiait depuis si longtemps était à leur merci.

– Cessez le tir ! répéta le capitaine.

Soudain, on vit distinctement son visage : Tristan ! Les témoins n'en croyaient pas leurs yeux. Le valet qu'ils jugeaient stupide et inoffensif, la brute si douce avec les bêtes, c'était lui le coupable de toutes ces horreurs ! L'exploit qu'il venait d'accomplir ne laissait aucun doute : nul homme n'aurait pu exécuter un bond pareil, surtout avec son fardeau.

Ce fardeau, c'était Héloïse. Le monstre et sa proie étaient si étroitement enlacés que leur sort était lié. Si l'un succombait, il entraînerait l'autre dans la mort. Il était trop tard. Louis aperçut dans l'ouverture du manteau les pennes noires de la flèche plantée dans le corps du colosse.

Celui-ci poussa un dernier cri de défi ou d'agonie. Les spectateurs impuissants reconnurent le hurlement qui les avait si souvent fait trembler. Le meurtrier avait atteint l'extrémité des bâtiments. Au-delà, c'était le vide, un chaos de roches dégringolant jusqu'aux sables de la baie. Comme attiré par le gouffre, Tristan bascula avec lenteur, puis il tomba. Accrochée à lui, il y avait cette robe rouge que Louis avait si souvent admirée. Héloïse allait s'écraser. Le drame semblait irrémédiable quand, d'un sursaut prodigieux, Tristan se détendit. Ses mains s'agrippèrent au parapet du grand degré, son corps suspendu au-dessus du vide ; Héloïse se balançait avec lui, les bras noués autour de son cou. Le capitaine se précipita et parvint à saisir le bras de la jeune fille. Yvon et Thierry accouraient. Tous ensemble ils maintinrent Héloïse à l'instant où Tristan lâchait prise. Sur le visage du monstre, un sourire remplaça la crispation de souffrance. Cette vision fut fugitive. Son corps rebondit plusieurs fois sur les rochers avant de terminer sa chute sur le sable. Géant désarticulé.

Les hommes sortirent par la porte du Roy et coururent sur le rivage pour contempler l'homme qu'ils avaient pris pour le diable.

Blottie dans les bras du capitaine, Héloïse sanglotait nerveusement.

36

Le capitaine attira Héloïse à l'abri des regards dans la salle haute de la tour du Nord. Là, il détacha ses mains agrippées aux siennes et la fit asseoir sur un tabouret. D'un geste tendre, il releva la manche de sa robe déchirée sur son épaule nue.

– C'est fini.

Comme elle tremblait violemment, il écarta ses cheveux, découvrit ses yeux noyés de larmes.

– Tu entends ce que je te dis ? C'est fini, il ne pourra plus te faire de mal, plus jamais, il est mort.

– Mais non, chuchota-t-elle.

– Ton ravisseur est mort. Tu veux voir son corps ?

Comme il faisait mine de s'éloigner d'elle, elle supplia :

– Ne me quittez pas !

Il approcha un tabouret, s'assit près d'elle, prit sa main entre les siennes.

– Je suis là, tu n'as plus rien à craindre désormais.

– Vous ne comprenez pas !

Surpris par sa voix véhémente et son regard éperdu, il demanda avec une patience inquiète :

– Qu'est-ce que je ne comprends pas, dis-moi ? La façon dont ce monstre t'a enlevée, séquestrée ? Il t'a fait du mal ?

– Il ne m'a pas enlevée, il m'a sauvée ! s'écria Héloïse.

Elle lança un regard d'effroi vers la porte. D'un geste, le capitaine chassa Gerfaut et Garin qui écoutaient leur conversation, puis il exigea :

– Explique-toi !

– C'est Charles, chuchota-t-elle. C'est lui, le diable.

– Charles Desgrées, ton père ?

– Charles n'est pas mon père, répliqua-t-elle avec dégoût. C'était le compagnon de ma mère, son bourreau, mais je l'ignorais. Quand elle est morte, il est venu me chercher à Sainte-Marie-des-Champs. Je rêvais de liberté, je l'ai suivi. Il était gentil et généreux, à cette époque.

Elle secoua la tête pour chasser des visions insupportables. Sa voix s'altéra.

– Ensuite, ensuite… j'ai compris.

– Qu'est-ce que tu as compris ?

– C'est un homme mauvais, diabolique.

– Pourquoi tu ne t'es pas enfuie ? Tu aurais pu retourner dans ton couvent.

Les lèvres d'Héloïse frémirent.

– J'avais peur de lui. J'ai été forcée de lui obéir, encore aujourd'hui. Il a des pouvoirs.

Elle enfouit son visage dans ses mains et se remit à pleurer. Il resta silencieux un long moment, soupesant ce qu'il venait d'entendre, puis il lui caressa les cheveux.

– Tout va bien, maintenant. Tu n'as plus rien à craindre. Si j'ai bien compris, c'est Desgrées qui a commis tous ces meurtres : Gilles, Aubain, Jean, Augustin, Jérémie…

Elle devina son incrédulité et se hâta de préciser :

– Non, c'est bien Tristan, mais il n'était pas méchant.

– Pas méchant ? railla-t-il. Ces innocents torturés !

– Il obéissait à Charles, lui aussi. C'était un être simple, naïf, il subissait son influence. Avec un autre… il aimait les animaux, il se sentait bien en leur compagnie, il les protégeait, vous l'avez vu !

– J'aurais aimé qu'il soit aussi bon avec les hommes, ironisa Louis.

Elle secoua ses boucles. Sur ses lèvres, la sueur se confondait avec les larmes. Malgré ses cheveux fous et son visage souillé, il ne pouvait pas s'empêcher de la trouver désirable. Elle prit une profonde inspiration et tenta de maîtriser sa voix.

– Tristan n'a pas toujours été un monstre. Au contraire, il était beau et célèbre.

– Beau ? s'étonna Louis.

– Beau, c'est ce que m'a raconté Charles. Il était jongleur et se produisait dans toutes les cours d'Aquitaine. Son numéro s'appelait « le Phénix ». Il apparaissait au public, la nuit, au sommet d'une tour ou d'une église, et brusquement il s'enflammait. En réalité, c'était un mannequin qui brûlait tandis qu'il descendait de ses hauteurs sans être remarqué. Et soudain, il reparaissait au milieu du public. Il était d'une force et d'une agilité surhumaines. Il pouvait escalader les parois les plus vertigineuses, prendre n'importe quelle apparence, rester des heures dans une immobilité de statue.

– Une statue ! s'exclama le capitaine. N'importe quelle apparence ! Tout s'explique. Il était beau, disais-tu, que lui est-il arrivé ?

– Un jour, à l'instant de mettre le feu à son mannequin, ses habits imbibés d'huile se sont enflammés. Il s'est mis à brûler. Il se trouvait au sommet d'une tour, à Albi, je crois. Il s'est élancé comme il le faisait d'habitude, mais à cause de la douleur, de la peur, peut-être, ses mains ont glissé et il s'est écrasé vingt mètres plus bas. Son corps était brisé, sa tête broyée, affreusement brûlée. On l'a cru mort. Charles l'a recueilli. Il a apaisé ses souffrances, avec sa science des herbes, réparé ses membres fracturés. Grâce à lui, Tristan a survécu. Il l'a pris à son service. Sa force était intacte. Il pouvait gravir des murailles, effectuer des bonds fantastiques, terrasser n'importe qui…

– J'ai fait l'expérience de ses dons, gronda le capitaine qui avait du mal à supporter l'éloge du meurtrier. Alors Desgrées lui ordonnait de tuer, et il obéissait, par reconnaissance.

– Cela ne se passait pas ainsi !

Dans l'ardeur de son plaidoyer, Héloïse repoussa ses boucles d'un geste impatient.

– Il aimait les animaux, il s'attachait à eux, et les bêtes recherchaient sa compagnie, même les plus indomptables, votre coursier, les chiens de guerre. C'étaient ses enfants : un chat, un chien, un lapin, un oiseau, un fauve, je me souviens d'un goupil qu'il avait apprivoisé… Alors, Charles tuait ses petits amis en cachette, puis il lui désignait le coupable : frère Gilles a pendu ton chien, Michel Carrouges a étranglé ton chat, Yvon a étouffé ton moineau… Aussitôt, Tristan se changeait en justicier.

– Un justicier ? Un diable, oui !

Le capitaine se leva brusquement, sortit de la tour et apostropha le Saxon :

– Prends six hommes, allez arrêter Desgrées, l'aubergiste. Liez-le, c'est une bête féroce. S'il résiste, assommez-le !

À son retour, il tremblait de rage.

– Pourquoi tu ne m'as rien dit ?

– J'ai essayé, balbutia Héloïse, mais j'avais peur pour moi, peur pour vous aussi.

Louis émit un rire forcé.

– Pour moi, vraiment ?

Elle pressa le poing sur la bouche comme une enfant apeurée.

– Il a des pouvoirs, méfiez-vous. Il pratique la magie noire. Il sait envoûter les gens, les brûler, les rendre fous, les étouffer. Souvenez-vous de l'abbé Richard… Il s'est blessé lui-même pour faire croire à son innocence. Il est capable de tout !

Le capitaine revit la poupée suspendue au mur de l'abbaye et les aiguilles de fer plantées dans son cou.

– Je m'en souviens, dit-il d'une voix sourde, partagé entre la rancune et la volonté de nier sa foi dans ces superstitions.

– J'ai soigné l'abbé, ajouta Héloïse. Vous aussi, je vous ai soigné. Charles l'a su. Il a deviné que je n'en pouvais plus, j'allais tout vous raconter. Alors, il a résolu ma mort. Il m'a enfermée. Tristan m'a délivrée, il m'a cachée au milieu de ses bêtes, dans l'écurie, un réduit, une trappe sous la paille. Ensuite, il m'a emmenée. Nous allions vous rejoindre quand vos archers nous ont pris pour cible. Ce n'est pas une flèche qui l'a tué, c'est Charles qui lui a jeté un sort, il l'a paralysé.

Ses lèvres dessinèrent un sourire mélancolique.

– Il m'a sauvé la vie.

Au même instant, le Saxon fit irruption dans la tour.

– L'auberge est déserte, Desgrées est introuvable.

– Eh bien, cherchez-le ! s'emporta le capitaine. Il ne doit pas être bien loin. À moins de se transformer en chat et de bondir sur les toits. Les sorciers ont ce pouvoir, à ce qu'on prétend.

Il surprit le regard horrifié d'Héloïse.

– Ce que je ne comprends pas, reprit-il, c'est la raison de tous ces meurtres.

– Il est l'ami des Anglais, expliqua la fille à voix basse.

– Les Anglais, ceux qui ont tué son épouse, brûlé sa maison ?

– Ce sont des mensonges ! s'écria Héloïse avec un rire nerveux. Il a tout inventé. Les Anglais sont ses alliés, pas ses amis, il n'a pas d'amis. Ils le paient pour vous espionner. C'est grâce à eux qu'il a acheté son auberge, pour leur permettre de s'emparer de l'île.

– C'est lui qui a endormi les gardes !

– Et empoisonné les chiens, oui.

– Mais pourquoi exécuter tous ces hommes : Gilles, Aubain, Jean, Augustin ?

– Ils avaient tous découvert son secret. Gilles écrivait les lettres que nous communiquions à ceux de Tombelaine.

– Frère Gilles, il trahissait ?

– Il faisait ce qu'on lui demandait. Il était un peu amoureux de moi, avoua-t-elle, les joues brûlantes.

– Tu servais d'appât !

– Il avait des remords, il allait se confesser, alors…

– Alors, tu as laissé Desgrées assassiner ce pauvre innocent. Tu étais sa complice !

Elle se tordit les mains.

– J'avais peur !

– Tu lui obéissais ! Avoue : c'est sur son ordre que tu t'es glissée dans mon lit !

Elle baissa la tête, honteuse.

– Non, Louis, tu le sais bien. Je t'aimais en secret. Ensuite…

– Ensuite ? exigea-t-il.

– Au commencement, ça l'arrangeait qu'on soit amants. Il croyait que tu ferais ce que je voudrais, c'est-à-dire ce qu'il voudrait. Ensuite, quand il a compris que c'était le contraire, que j'étais en ton pouvoir, et que je finirais par t'avouer la vérité, il m'a interdit de te revoir.

– Et tu as obéi une fois encore, dit-il avec amertume.

– Je craignais pour ta vie. Rappelle-toi, Louis, il t'a servi un de ses breuvages, ce n'était pas du poison, mais tu avais perdu la tête.

Il la dévisagea, soupçonneux.

– Toi aussi tu possèdes la science des plantes.

– Uniquement les plantes qui guérissent. Au couvent, on m'a enseigné les vertus des simples. Je t'ai soigné, Louis, je t'ai guéri. Ta fièvre a disparu.

– Ma fièvre, reste à savoir laquelle. Tu m'as peut-être administré un philtre d'amour, sorcière !

Il lut un reproche dans ses yeux. Elle supplia :

– Ne dis pas ça ! Tu sais bien que je t'aime, je t'ai tout donné.

– Et tout repris. Tu m'as envoûté, depuis je ne dors plus.

– Moi aussi, j'ai perdu le sommeil, répliqua-t-elle. C'est ta faute.

Elle avait pris un ton boudeur qui risquait de le charmer. Sa robe déchirée montrait une chair trop belle. Ses seins palpitaient. Il sentit de nouveau le désir s'emparer de lui. Pour s'en défendre, il adopta un ton inquisiteur.

– Cette nuit-là, sur les remparts, c'était toi, n'est-ce pas ?

Elle se mordit les lèvres, et finit par avouer.

– J'ai empêché Tristan de te faire du mal.

– Il m'a quand même assommé ! Et ton message ? Tu correspondais avec les Anglais.

Elle lui adressa un regard désespéré.

– C'était une lettre d'adieu.

– Que veux-tu dire ?

Elle ferma les yeux, et murmura d'une voix inaudible :

– Charles m'avait obligée.

– Obligée ? à quoi ? exigea-t-il, impitoyable.

– À séduire le cousin de lord Talbot, le général de l'armée anglaise. Il s'appelait Julian de Chester. Grâce à lui, il obtenait ce qu'il voulait : de l'or, des terres… Il était insatiable. Ici encore, il a amassé un trésor avec ses contrebandes.

– Ce Julian a été ton amant ?

Son silence fut un aveu. Soudain, Louis oublia tout : les meurtres, les diableries de Desgrées. Il n'y eut plus qu'une terrible jalousie qui lui rongeait le cœur. Dès leur première nuit, pourtant, il avait su qu'elle n'était pas innocente, mais maintenant il avait un nom, des images insupportables, une blessure inguérissable.

Il porta la main à son front, et constata avec dédain :

– Tu es une fille très docile.

– Ça ne comptait pas, murmura-t-elle. Toi, je t'ai aimé.

– Et lui ?

– Lui, il est mort le mois dernier, au cours de l'assaut.

Même cette nouvelle ne fut pas une consolation, car il avait cru déceler dans sa voix une nuance de regret.

– Tous ces mensonges… grommela-t-il.

– Je ne t'ai jamais menti, protesta-t-elle. Pour Julian, j'aurais pu garder le silence, tu n'aurais jamais su.

– Tu aurais parlé sous le fouet !

– Pardonne-moi, implora-t-elle.

Elle lui posa une main timide sur le bras. Tout à sa colère, il ne daigna même pas la voir. Pardonner ? Jamais ! Elle était trop désirable, trop dangereuse. Ne pas la regarder, ne pas faiblir. Éloigner ce poison de ses lèvres.

Il se répétait qu'elle connaissait toutes ces horreurs depuis le premier jour, et pourtant elle n'avait rien laissé paraître. Elle lui avait offert l'apparence d'une fille vertueuse, et lui il l'avait crue, pas vraiment mais il s'était laissé prendre à sa comédie !

– Pourquoi ces cérémonies macabres, dit-il encore, ces pendaisons, ces tortures ? Il ne vous suffisait pas de tuer proprement les témoins de vos crimes ?

Il avait employé le pluriel à dessein. Héloïse fit semblant de ne pas le remarquer.

– Il voulait laisser croire à une manifestation surnaturelle, expliqua-t-elle d'une voix éteinte. La terreur servait ses projets. En combattant le diable, on oubliait de combattre les Anglais.

Soudain, le Saxon surgit.

– Capitaine, l'aubergiste…

– Eh bien, vous l'avez pris ?

– Il s'est enfui !

– Maladroits !

Il se dressa si brutalement que son tabouret de fer roula à l'autre bout de la pièce.

– Toi, reste ici !

Héloïse reçut son regard de haine comme un coup de poignard.

37

Le Saxon désigna une silhouette sur le sable, au loin.

– C'est lui !

Le capitaine s'éloigna du lieutenant comme s'il ne supportait pas sa présence. Un incapable, comme les autres !

– Je ne suis pas aveugle !

– Il se dirige vers Tombelaine.

– Comment est-il sorti de l'île ?

– Nous ramenions le corps de Tristan, la herse était relevée, il a profité du désordre.

Le capitaine ressentit une douleur violente à la pensée que le monstre risquait de lui échapper.

– Le désordre ! Pourquoi ne pas avoir lancé nos cavaliers à sa poursuite ?

– La marée, seigneur, objecta Yvon.

Il pointa le doigt au loin sur la frange d'écume qui signalait la marée montante.

– Et les archers ?

Le Saxon lui lança le regard maussade d'un soldat pris en faute.

– Au début, nous ignorions qu'il était coupable. Ensuite, il était déjà trop loin, avec le vent contraire.

– Il emmenait un otage, ajouta Eymond, un petit enfant. Impossible de tirer sans risquer d'atteindre le gamin.

Le capitaine fronça les sourcils.

– Qu'est devenu l'enfant ?

– Une fois hors de portée, Desgrées s'en est débarrassé.

– Débarrassé ?

– Il est sauf, s'empressa de préciser le lieutenant. Nos gens l'ont récupéré.

Le capitaine regarda avec réprobation la garnison assemblée sur les remparts. Cent guerriers contre un homme seul !

– Le diable nous échappe ! Vous devriez être révoltés, humiliés. Moi, j'ai honte en pensant à tous ceux qui ont perdu la vie par notre faute.

– Tristan a été châtié, fit remarquer Thierry de la Motte avec un accent de reproche.

« C'est lui qui a atteint le monstre », pensa Louis. Mais cette révélation ne lui fut d'aucun réconfort.

– C'est étrange, cria Yvon. On dirait qu'il n'a pas vu la marée. Pourtant, il connaît la baie !

L'excitation gagnait tous les spectateurs.

– L'endroit est dangereux.

– Le sable est fangeux, il ne peut plus avancer.

– Il s'enlise !

– Il est trop chargé. Sur son épaule, c'est un coffre, non ?

– Il devrait s'en débarrasser, murmura le Saxon.

– Jamais ! Jamais il ne l'abandonnera, c'est son or qu'il emporte !

En reconnaissant la voix d'Héloïse, le capitaine se retourna, sévère.

– Ne t'avais-je pas ordonné de rester dans la tour ?

– Oui, seigneur, mais je veux voir disparaître le diable.

– Le diable ne disparaît pas, il se réincarne, plaisanta Beauvoir.

Yvon pointa le doigt sur le fugitif.

– En crabe, bientôt, s'il continue. Il s'enfonce !

– La lise ! s'exclama le Saxon. Le sable mouvant. Le fou, regardez-le s'accrocher à son coffre ! On dirait qu'il est enchaîné à son fardeau !

– C'est sa malédiction !

Sous les regards fascinés des soldats, Desgrées disparaissait peu à peu. Il avait du sable aux hanches, puis aux épaules. Sa tête seule émergeait. Ses mains levées tenaient toujours son précieux coffret à l'instant où la mer arriva tout à coup et le recouvrit. Quand la vague se retira, le sable était lisse. Puis la mer remonta aussitôt pour former un beau miroir reflétant le ciel, et on aurait dit que le mal avait cessé d'exister.

– À présent, tu es libre, déclara le capitaine en guise d'oraison funèbre.

Les mots amers s'adressaient à Héloïse. Mais lui aussi était délivré. Il s'éloigna sans lui accorder un regard. La jeune fille demeura seule, désemparée, tandis que les soldats se dispersaient. Croyant que celui qui venait de mourir était son père, certains la regardaient avec suspicion, d'autres avec pitié.

Le capitaine avait rejoint l'abbé. Les deux hommes bavardèrent quelques instants, puis descendirent ensemble la Grande Rue jusqu'à la cour du Roy, où les hommes avaient exposé le corps sanglant de Tristan. Héloïse les suivit à distance en évitant de se faire remarquer. Elle aurait voulu que Louis la condamne ou bien qu'il la console, mais il faisait comme si elle avait cessé d'exister, et cette indifférence était plus insupportable que son mépris.

Dans la cour, en longeant le mur du logis, elle se rapprocha du capitaine et de l'abbé au point d'entendre leur conversation. Ils envisageaient de brûler le corps de Tristan au lieu de l'immerger au large, selon la tradition. Louis se souvenait-il de son témoignage ? Ce bûcher devait être un acte d'expiation, préfigurer l'enfer. Or, jadis, Tristan avait été le Phénix, il ne redoutait pas le feu. Au lieu de le punir, le bûcher le réhabiliterait. Les flammes achèveraient ce qu'elles avaient commencé des années auparavant. Héloïse songea que s'il était mort à Albi, Tristan n'aurait pas commis toutes ces abominations. On se serait souvenu de lui comme d'un personnage audacieux et magnifique.

Un spectacle touchant la délivra de ses pensées mélancoliques : les trois chiots, échappés de l'écurie, tournaient autour de Tristan en gémissant. L'un d'eux escalada le corps inerte avec maladresse, et se coucha sur la large poitrine, la tête entre les pattes. Tandis que tous vouaient le meurtrier à l'enfer, les bêtes lui restaient fidèles comme si elles possédaient seules le pouvoir de lire dans son cœur.

38

Les pèlerins étaient réunis depuis l'aube dans la cour du Roy. Depuis des générations, tous ceux qui partaient respectaient cette coutume ou cédaient à cette manie, même au cœur de l'hiver, lorsque le vent du nord figeait l'île. Il aurait pourtant suffi d'attendre le signal de la cloche de Saint-Michel, mais non, ils étaient là parfois six heures à l'avance, comme pour prendre leur élan ou nourrir leur regret de quitter la cité de l'archange.

Dieu merci, on était en été, le temps était clément. L'épreuve du cheminement ne viendrait pas des intempéries, mais peut-être des Anglais rassemblés depuis deux semaines dans la perspective d'un nouvel assaut, malgré la mort de Desgrées, leur espion, et l'arrivée des renforts envoyés par la duchesse : onze chevaliers français.

Le capitaine examina le ciel parcouru d'oiseaux blancs, puis la cour brunie par les manteaux. Un prêtre de Clermont mènerait la troupe. Ils étaient trente-quatre, non, trente-trois. Parmi eux errait, solitaire, Roger de Rochelin. Le vieux gentilhomme s'était résolu au départ depuis que les moines avaient pris possession de l'auberge. *L'Archange* avait été nettoyé de fond en comble, purifié, dans l'attente d'un nouvel aubergiste. Un homme pieux.

Sous prétexte d'éviter de les voir tomber dans de mauvaises mains, Richard de Mantoue s'était approprié les herbes de Desgrées, les jusquiames, les ciguës, les pavots, les bryones, les mandragores, les poudres hallucinogènes, et le reste de la pourpre, devenue maléfique. Toute cette pharmacopée dormait sur les rayons de son officine, dans les profondeurs de l'abbaye.

Rochelin salua le chef de la garnison, et le capitaine lui répondit en réprimant un sourire : il connaissait la vraie raison de son départ : escorter Héloïse jusque sur les bords de la Seine, et la suivre au-delà si la belle le désirait.

Abandonnant la cohorte des miquelots, Louis monta dans son logis. Elle était là, attendant docilement sa venue pour lui dire adieu. Vêtue d'une robe de bure, chaussée de sandales, la tête voilée de blanc.

Il avisa sa besace et s'étonna :

– C'est tout ce que tu emportes ?

– Mes robes, mes bijoux me sont odieux, et qu'en ferais-je, là où l'on m'envoie ?

La voix, maussade et résignée, ne lui convenait pas.

– Ce n'est pas une prison, tout de même ?

– Non ?

– Ma cousine Angélique est fort accueillante, tu verras.

– Ses murs ne le sont pas. Mais je suppose que je les ai mérités !

Comment croire à ses soupirs et à son humilité ? Sa tenue de pénitente n'arrivait pas à l'enlaidir. Ses pieds nus étaient délicats, tout comme les traits de son visage, sous le voile austère, et la corde qui lui servait de ceinture soulignait joliment la minceur de sa taille.

Elle détourna la tête et parut se troubler en sachant qu'il continuait à la dévorer des yeux. Lui, examinait son voile.

Elle était bien capable d'avoir coupé ses cheveux pour se punir, ou plus vraisemblablement pour le punir de l'exiler.

N'y tenant plus, d'une main brutale, il arracha la coiffe. Ses cheveux étaient là, sagement retenus sur la nuque par des peignes de bois. Sans réfléchir, il poursuivit son geste, défit son chignon, et libéra ses boucles. Puis il enfouit son visage dans la douceur parfumée qu'il avait tant aimée.

– Que faites-vous, seigneur ? demanda-t-elle d'une voix troublée. C'est pour me châtier davantage que vous cherchez à aviver mes regrets ?

Il prit son visage, le tourna vers lui, admira les grands yeux, le front lisse, la douce obstination du menton, sans se soucier d'être trahi par son regard qui disait qu'elle était belle. Ensorcelante.

De son côté, elle effleura son visage du bout des doigts, comme pour se souvenir de lui.

Dans la cour, les pèlerins avaient entonné un cantique. Les yeux d'Héloïse exprimèrent une panique fugitive.

– Il est temps, seigneur, ils m'attendent.

Elle se pencha pour saisir sa besace. Aussitôt, il lui arracha le sac des mains et l'envoya à l'autre bout de la pièce.

– Crois-tu vraiment que je te laisserai partir après tout ce qui s'est passé ? dit-il d'une voix rude. Ça non, n'y compte pas ! Tu dois rester ici. Je te surveillerai sans cesse, je te préviens.

Elle lui lança un regard effronté.

– Même la nuit ?

– Surtout la nuit !